望郷子守唄

バナちゃん節のルーツを探る

松永　武

海鳥社

装丁＝木戸聖子
装画・扉画＝古市桜子
（北九州市立引野小学校四年）

はじめに

　今は門司港レトロ地区として全国的に知られる北九州市門司区の西海岸通り界隈は、かつて日本の西の貿易の拠点として大いに栄えた港町であった。

　戦前から戦後の昭和三十年代ごろまで、多くの物や人が往来する交通の拠点として、さまざまな思い出に彩られた町だが、一九三五（昭和十）年生まれの筆者には、この付近は〝バナナの里〟というイメージが強い。

　今でも心に残るそれは、現在どこにでもある新鮮で美味なバナナではない。敗戦によって国全体が貧しく、食べ物も物資もすべてが極端に不足していた昭和二十年代前半。当初、進駐軍《しんちゅうぐん》*の物資として入貨した品が、裏ルートで町に流出したものであろうか。太めな万年筆くらいの大きさの乾燥バナナである。その時代には珍しかったセロハン紙に包まれた乾燥バナナは、蓋のついたガラス製のビンに納められて、西海岸通りの果物屋の棚に置かれていた。特別な事情によるものか、その店以外では見受けられなかったように思う。値段は憶えていないが、高価で子供が気軽に買えるものでなかったことは確かで、包んであるセロハン紙が眩《まぶ》しく映えていたことを今でも記憶している。

当時筆者一家は、同地の清見《きよみ》・旭町《あさひまち》に居住し、父は運輸省海運局の公務員で西海岸通りにある税関ビルに通勤していたが、時々、忘れ物や急を要する身の廻りの品を母の使いで役所まで届けることがあった。

マイカーなど夢の時代で、唯一の交通手段であった木炭バス**は便数も少なく、大人が社会生活のために優先して乗車することが常識化していた。どの便も超満員で、少年が乗ることは憚られる風調が強く、二里（約八キロ）や三里（約一二キロ）は近間《ちかま》のうちと考えられ、少年たちは皆、土埃の立つ道を歩いたものである。筆者も自宅から役所までの約四里（一六キロ）を徒歩で往復した。

役所に着くと、父はたまに机の引き出しからセロハン紙に包まれた乾燥バナナを二本出し、手渡ししながら「お駄賃」と労いの言葉をかけ、「一本は妹尚子への土産」と付け加えた。ケーキは勿論、砂糖など幻の品で、ズルチンやサッカリンという人工甘味料を代用していた当時、乾燥バナナで味わう自然の甘みは格別であった。

もぐもぐ噛むと、固さがほぐれて食道を抜け、全身に染み込むように感じられて嬉しかった。父の懐具合でこのプレゼントがないときは、帰路、例の果物屋の前で、恨めしい気持ちで乾燥バナナの入ったビンを見つめることが多かった。

　そして、おぼろげながら、幼いころ父に連れられてこの付近でバナナの叩き売りを見物し、買ってもらったことを思い浮かべて、本物のバナナを腹いっぱい食べられる日の来ることを想像しながら、生唾を呑み込んで家路を急いだ。

　遊び盛りの年ごろで、母が言いつける他の用事はいろいろと口実を用意して逃れようと努めたが、たまに命じられる父の職場への使いだけは、乾燥バナナの魅力に引かれて喜んで応えていた。

「お駄賃」に有りつけない時があっても、果物屋のビンに納まっている乾燥バナナを確認して、この次はきっと食べられる、と言い聞かせて店の前を素通りした。

　乾燥バナナの思い出は、墨塗りの教科書とともに忘れられない。

　日本が高度経済成長期にあった一九七二年、年間を通じて地元の最大のイベントである「門司みなと祭」への協力要請を受けた。「栄町《さかえまち》演舞場」と呼ばれた舞台の音楽部門のプログラムを立案し、出演者との交渉にあたる、という役割であった。

この舞台は、門司区栄町商店街がその一角に雨天にも耐えられるような屋根張りの大きなステージを造り、総力をあげて運営し、祭りのメイン・ステージとして多くの人々に支持され楽しまれていた。演目は舞踊、バンド演奏、子供を対象にしたクイズやゲームなどが、午後一時三十分から夜九時三十分まで間断なく組み込まれ、二日間にわたって祭りのムードを盛り上げた。期間中は舞台の進行役の一人として、筆者は出演者の応対役を務めたが、この役目は以後六年間続けることとなった。

バナナの叩き売りは常連として、このステージにも登場した。一九八〇年代は、復興の祖・井川忠義《いかわただよし》、相方の中山宗保《なかやまむねやす》とも四十歳台でエネルギーに満ちた時期であり、張り切って舞台を務め、大勢の客を相手にして毎年好評であった。いつも出番の一時間前くらいには舞台裏で待機し、バナナ特有の甘い香りのするカートン（箱）が積まれた横でスタッフと談笑することが多かった。

あるとき、井川に口上の意味について尋ねたが、「昔の記憶を辿り、地元の古老たちの話と照らし合わせながら掘り起こしたもので、内容については深く考えたことはない。ただ、各地のどんな場所でやっても客はそれなりに納得している様子だから、口から出まかせの口上ではないと思う」と相手は話した。この日の舞台も大受けで、沢山の見物客が井川の口上に魅せられて、楽しそうにバナナを買い求めていた。

舞台の袖から見るその光景と、横に積まれているバナナ・カートンから発する甘い香りに惹かれて、手を伸ばせばいくらでも美味な本物のバナナが勝手に食べられる状況の中で、少年時代の乾燥バナナの思い出が強烈に蘇ってきた。筆者は果物屋ではなく、叩き売りを行ったこともない。

しかし、気軽に聴いていると無意味で何ら脈絡のないような不可思議な口上に乗せて、通りすがりの庶民を楽しませる〝語り〟の虜となった。そして、この口上の正体に迫ろうと決心した。

本書は全体を四章に分け、第一章に主役の商品であるバナナについてまとめたが、これは、執筆作業を進める過程で、ポピュラーな果物であるにも拘らず意外にもその実態が一般によく知られていない、という現実に直面したことによる。

口上風に言えば、ご用とお急ぎのある方は、南国の明るさとノスタルジーに満ちた果物・バナナについて記述した第一章を飛ばして、第二章から読み進めていただきたい。

＊進駐軍……一九四五年、終戦によりアメリカを主とした連合軍が日本を統治するため駐留した軍隊。

＊＊木炭バス……一九四一年二月、戦時に備えて一般車のガソリン使用が禁止された。これにより、同年十二月十八日以降、消防用・救急用などガソリンの使用を必須とする自動車以外は、すべて代用燃料を用いることとなり、木炭を燃料としたバス（当時は「乗合自動車」と呼称）が運用された。

＊＊＊墨塗りの教科書……一九四五年九月二十日、文部省が戦時中使われた教科書・教材の省略・削除など、取り扱いに関する通達を出した。主として戦争に関する記述の部分を墨で塗りつぶして教材としたことから「墨塗りの教科書」と呼ばれた。

望郷子守唄　バナちゃん節のルーツを探る◉目次

第一章 そもそもバナナとは

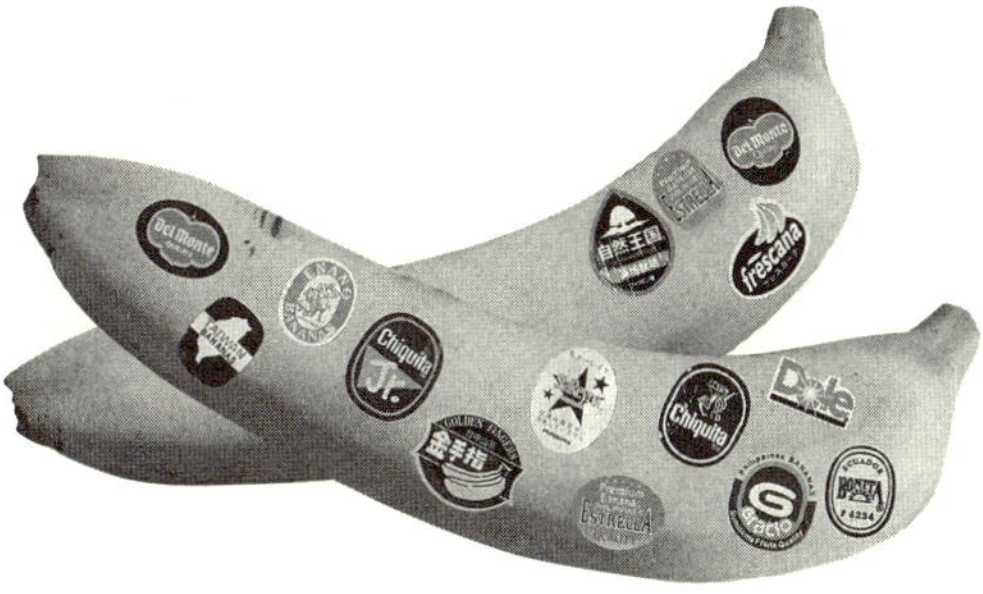

扉写真＝バナナ・シールあれこれ

東南アジア原産

この章の大部分は、日本バナナ輸入組合の協力・了承を得て、『バナナ輸入沿革史』（高木一也著、日本バナナ輸入組合発行、一九六七年）をもとにしている。バナナに関する専門書は、現在まで他に二十冊程出版されているが、同書の内容が一般向きであると判断して抜粋・引用させていただいた。

『バナナ輸入沿革史』は、果物としてのバナナの発見とその伝播を以下のように記述している。

バナナの学名は、ムサ・サピエンタム（Musa Sapientum）。「聖人の実」という意味で、インドの聖人たちがバナナの木陰を憩いの場とし、その実を食べて活力の源としたという古い伝説によって名付けられた。

元々ポルトガル人が名付けた名称で、アフリカからカナリア諸島へバナナの株を持って来た時、バナナが人間の指に似ていることから、アラビア語のバナン（指）に因んだもの。

アメリカの大手商社ユナイテッド・フルーツ株式会社発刊の"The United Fruit Historical Society"（『バナナ物語』）に次のような記載があり、これがバナナのルーツの定説となっている。

歴史上もっとも古い時期において、バナナは、東南アジアの湿潤地帯に発生し繁茂したが、西暦前三七年ごろになってアレキサンダー大王の軍隊がインド方面の遠征の際に、インダス河の上流でバナナを発見し、エジプト方面に持ち帰ったのが嚆矢《こうし》である。その後、南アジアからポリネシア人の大移動が行われた時、バナナは東方の太平洋諸島に運ばれた。また、アラブ人がインドでバナナを得て、これをパレスチナやエジプトに伝えた。

キリスト誕生から約十世紀の間、貿易が活発に行われたが、この際、バナナもインド地方からアフリカ東海岸に運ばれ植え付けられた。

その後アラビア人は象牙や奴隷を売買しながら、徐々にバナナを種族から種族に伝え、ついに赤道付近のアフリカ大陸を横断し、太平洋に面したギニア海岸まで運ぶに至った。

紀元一四八二年、ギニア海岸に上陸したポルトガル人がバナナを発見し、その食用価値を認めるや、捕えた奴隷とともにバナナの根茎をカナリア諸島まで運んだ。

この時ギニアで呼んだ名称が「バナナ」であった。

コロンブスのアメリカ発見から数年たった一五一六年、スペイン王の遠征軍に従軍した僧侶のフリアトーマステ・バランゴ氏が、この珍奇な果実の根茎を少しばかりカナリア諸島から持参して、サント・ドミンゴ島に植え付けた。

彼は、その後パナマ主教に任ぜられ、パナマに赴任したが、その際パナマにもバナナの根茎を持って行って植え付けた。

当時新世界での伝道箇所が選定されると、伝導師はまず最初の仕事の一つとして、食物の不足を補うためバナナ及びプランティン（料理用バナナ）の植付けを行ったと言われている。

十九世紀の後半になって、旅行者や植物学者たちは、バナナが熱帯地区の住民に最も愛好されている美味の果実であることを知ったが、その当時は、この果実が後になって温暖地方の人びとに大々的に愛好され、重要な果実として認められることになろうとは、夢にも思わなかったであろう。

そして、十九世紀の初めには、バナナはキューバから初めてアメリカ合衆国の最大都市であるニューヨークに運ばれた。

しかし、一八五〇年ごろまでは、バナナは時たま大型汽船に積み込まれて僅かに少量ずつ、アメリカ合衆国に持ち込まれたが、一八〇〇年から六十五年にわたる南北戦争の後で、汽船案内人のカール・フランクという人が、パナマのアスピン・ウォールから初めてバナナを貿易貨物として相当大量にニューヨークに持ち込んできた。

これがアメリカ合衆国にバナナが貿易品として輸入された始まりと言われている。

バナナの種類

以上のようにバナナの生まれ故郷は、東南アジアといわれているが、世界でバナナを栽培している国は限られている。それは、赤道の南と北の緯度が三十度以内の暑い地方

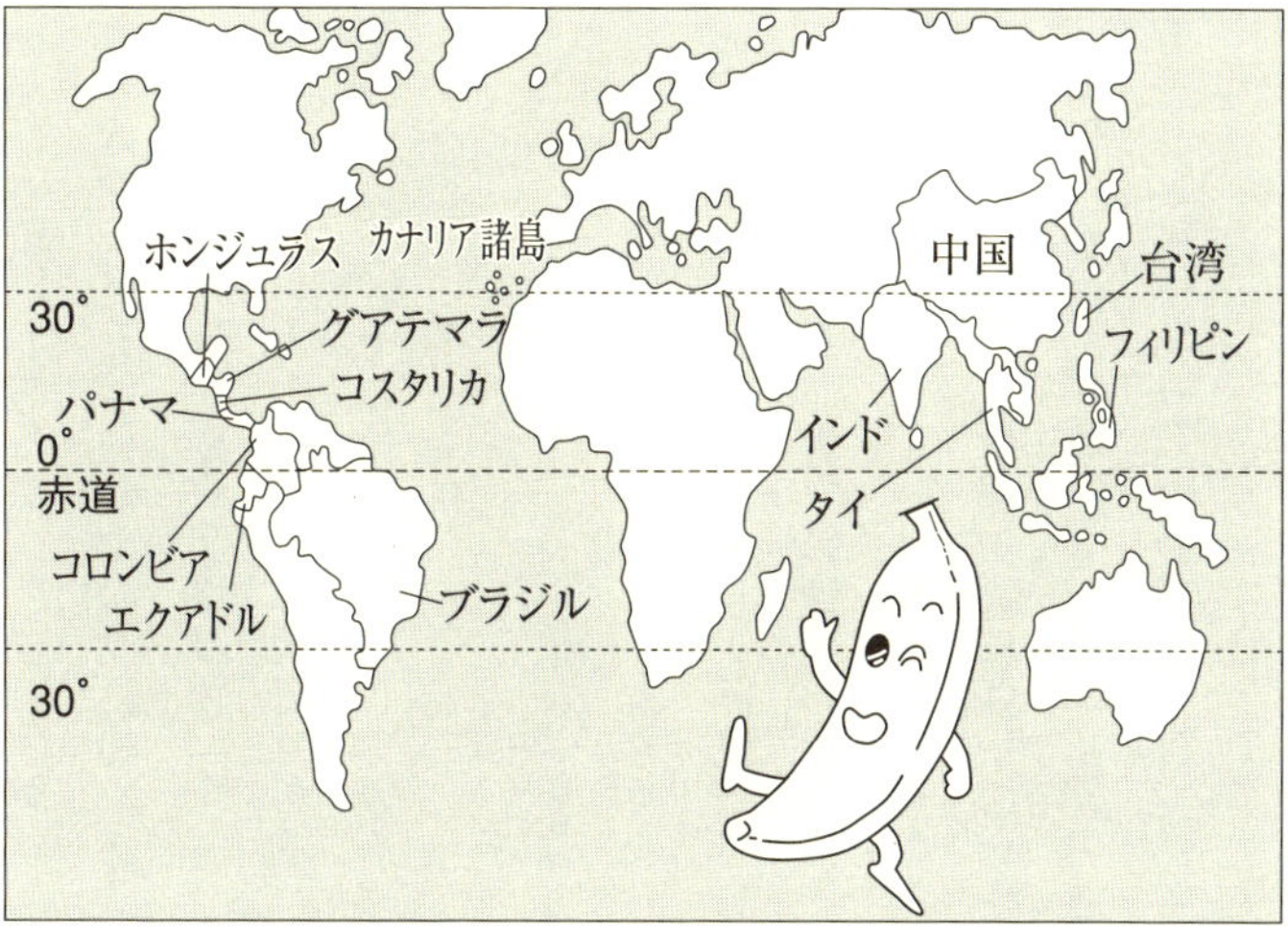

バナナ栽培地（日本バナナ輸入組合資料を改変）

で、その限られた地域は「バナナベルト地帯」と呼称される。

中でもエクアドル、コスタリカ、コロンビアは世界の三大輸出国となっている。

バナナは同じ種類のものでも産地により別の名称で呼ばれていることもあり、正確な数は分からないが、およそ一二〇〜一三〇種類ではないかといわれ、前出のユナイテッド・フルーツ社の資料にもとづいて次の六種に大別できる。

①ムサ・サピエンタム種　（Musa Sapientum）

この種類の中にはグロス・ミッチェル種（Gros Michel）、ラカタン種（Lacatan）

など百種類以上あるが、現在ではグロス・ミッチェル種は生産されておらず、すべてがキャベンディシュ種かその改良種である。

ラカタン種は、中央アメリカ、フィリピン、フィジー諸島、トンガ国などに多く繁殖しており、バナナの最大の病菌であるパナマ・デイジーズに対して抵抗力が強いという特長があり、その栽培が増加している。

②ムサ・キャベンディシュ種（Musa Cavendish）
この種類は、矮性《わいせい》バナナ（大きくならない性質）として知られており、主にアフリカ大陸、東南アジア、カナリア諸島、さらに太平洋、インド洋の諸島に多く繁殖している。バナナの代名詞のように庶民の中に浸透している台湾産のバナナや、タイ、ベトナム、トンガ、フィージー・サモア諸島産のバナナにはこの種類が多い。

近年、この種類は病虫害に強いことが分かり、エクアドルでもキャベンディシュ種の植え付けが盛んになって、日本に輸入されるエクアドル産バナナの大半はこのキャベンディシュ種であり、消費者に好評である。

③ムサ・パラディシアカ種（Musa paradsiaca）

プランティン（plantain）という名称で知られる種類で、料理用の大型バナナである。エデンの国に繁茂していたという伝説から、「パラダイスの実（プランティン）」と名付けられた。生で食べることはなく、料理用野菜として常用される。数種類の品種に分かれており、東西両半球の熱帯地方の湿潤な場所に繁殖している。

④ムサ・バスジョウ種（Musa Basjoo）

この種類に属するものは種子が多く、食べられないが、茎葉などから丈夫な繊維が採れ、観賞用植物として利用される。

⑤ムサ・テクスタイリス種（Musa Textillis）

これも④と同様に種子が多くて食べられない。茎から強靭な繊維がとれて、マニラ麻の原料となっている。

⑥ムサ・フェヒ種（Musa Fehi）

この種類は単に観賞用のもので、食用ではない。

現在食べられているバナナも、昔は種子が多く、全く食用価値のない植物であった。それが、栄養価の高い美味しい果物に変化してきたのは、おそらく自然交配や、先人たちが人為的に品種淘汰を行って改良を重ねてきたことによるものであろう。

半世紀以上にわたって日本人に親しまれ愛用されている台湾バナナは、前記のように、キャベンディシュ改良種に属するものである。

「バナナの木」と言っても疑問をもつ人は少ないようだが、正確には大きな草で、バショウ科の多年草である。栽培は、種芋から発芽した良い芽を選別して、ビニール袋に土と一緒に入れて育てる。

そして約二カ月後、広大な農園に移植され、およそ六カ月後には三メートルから六メートルに成長し、茎の中心から筆の穂先のような形をした紫色のつぼみが、一固まりの房（果掌）の状態で出る。太陽の恵みを充分に受けて、この房が次々に下に向かって実を結び、重力に逆らい上に向かって育つため、特有のそり返った曲線をもつ果実となる。科学用語でこの現象を「背地性」と言う。

一本の木には、十房から十五房くらいが生り、一房に二十本程のバナナがついている。これを「全房」と呼称し、一つの全房には平均約二百本のバナナが実る。重量にすると三五キロから五〇キロ程になり、重みに耐えられるように、紐や竹を使った支柱で木は支えられている。

同時に、成長を促し、害虫予防や葉の擦れによる傷みを防止するため、全房は薄いポリエチレンの円筒型の袋ですっぽりと包まれて、上下は紐で結ばれる。

バナナは木では熟させずに、青いうちに袋に入ったままの状態で収穫され、農園の中に設置されているケーブルに吊り下げて、直接「パッキングハウス」と呼ばれる工場へ運ぶ。

収穫されると、木はすぐに伐り倒されて、株からはまた新しい芽が出て成長を続ける。工場では全房から房をはずし、果樹液が切り口から染み出るのを防ぐため、約二五平方メートル位の水槽に入れ、ゆるやかな水流の中で洗浄した後、ガリパーという果指測定器によって形や大きさなど、輸出規格に合わせるための検査が行われる。

検査後は房の大きさによって、フルハンド、クラスター、スモールハンドの三段階に分け、一箱一三キロ（台湾産は一二キロ）に計量され、生産者表示のシールを貼り箱詰める。

ひと口に台湾バナナと言っても、台湾に繁殖しているバナナは一品種のみではなく、北蕉種、粉蕉種、仙人種、木瓜種、紅黄種、香港種、小笠原種、大島芭蕉種、アップルバナナ種などの数種がある。

現在、主として台湾で栽培されているものは新北蕉種と北蕉種であり、これが台湾産の代表的なバナナとして広く流通している。ちなみに、台湾省屏牙果台湾香蕉研究所で、試験的に栽培されているバナナの品種は五十種類以上あるといわれている。

消費者にバナナのＰＲをする時、他の果物に比べて栄養価の高い健康食品であることをセールス・ポイントにするが、バナナの叩き売りの口上にも古くから用いられて「バナナ一本は牛肉百匁、卵ならば三個分の栄養がある」と語り、さらに便秘の効用を組み込んで売り上げのアップに努めている。

これを実証したのは多くのスポーツ選手で、一九八四年にロサンゼルスで開催されたオリンピックで、アメリカ選手団に一二三トンのバナナが提供され、カール・ルイスなどの活躍もあって、健康食品としてバナナは世界的に再認識された。

日本でも一九九七年九月、激しく降る雨の中で開催された新潟県佐渡のトライアスロ

推奨摂取量と比較したバナナの栄養密度

	バナナの栄養密度（Souci/Fachmann/Kraut の栄養表による）	食品の推奨栄養密度（ドイツ栄養協会による）	必要量達成度
カリウム	1034.20mg/MJ	280.0-500.0mg/MJ	+++
マグネシウム	94.63mg/MJ	32.0-44.0mg/MJ	+++
カルシウム	22.87mg/MJ	72.0-114.0mg/MJ	
リン	76.60mg/MJ	72.0-114.0mg/MJ	+
鉄	1.45mg/MJ	1.0-2.1mg/MJ	++
ヨウ素	7.36 μg/MJ	16.0-26.0 μg/MJ	
亜鉛	0.58mg/MJ	1.2-2.1mg/MJ	
プロビタミンA	600.00 μg/MJ	540.0-780.0 μg/MJ	++
ビタミンE	0.71mg/MJ	1.0-1.7mg/MJ	
ビタミンB_1	115.66 μg/MJ	120.0-160.0 μg/MJ	+
ビタミンB_2	149.83 μg/MJ	140.0-210.0 μg/MJ	++
ナイアシン	1.71mg/MJ	1.6-2.3mg/MJ	++
ビタミンB_6	970.00 μg/MJ	160.0-230.0 μg/MJ	+++
葉酸	52.57 μg/MJ	13.0-23.0 μg/MJ	+++
パントテン酸	0.60mg/MJ	0.6-1.1mg/MJ	+
ビタミンC	31.54mg/MJ	6.0-11.0mg/MJ	+++

+ 必要量をよく満たしている
++ 必要量を非常によく満たしている
+++ 必要量を際立ってよく満たしている　　（日本バナナ輸入組合の資料より）

ン大会に、外国の選手を含む一四六〇人の参加者があり、日本バナナ輸入組合はこの大会に二万四〇〇〇本のバナナを提供した。出場選手一人あたり十七本ものバナナは力走する選手たちのエネルギー源となり、大会関係者から感謝された。

次に、バナナの成分を別表（25ページ）とした。

このようなデータをもとにして、バナナ一〇〇グラムは、八七キロカロリー。そして、このカロリーは歩いて三十分、ジョギングでは九分で消費される分量である、といわれている。

日本人とバナナ

一五六九年、ポルトガルの宣教師ルイス・フロイスが織田信長に献上したバナナが最初といわれているが、初めてバナナを営利目的で輸送したのは大阪商船(株)基隆《キールン》支店に勤務していた都島金次郎で、魚の運搬用として作られていた竹製の籠に詰めて、七籠を同社所有の船で神戸に運んだ。これについて、二宮正之の労作『バナナと共に三十年』の第二章「バナナ取引きの沿革」の項には、次のように記されている。「(略) 明治三十六年四月十日基隆港出帆の〝ススペル号〟（後の恒春丸、沈没）に基隆商人瀬成発氏が日本郵船勤務の都島金次郎氏と図り、台湾産バナナを竹製の荒目の平籠に詰め縄で梱包した七籠を積んで日本向け移送したのが商業ベースによる嚆矢《こうし》とされている（略）」

また、若槻泰雄著『バナナの経済学』では「バナナ・エンパイア」の項で「それを考えついたのは大阪商船会社の基隆支店に勤める都島金次郎であった。もっとも、日台航路の船員が、バナナを一〇キロ二〇キロとわずかずつ日本に持ちこみ、門司や神戸で青果商人におろして、小遣いをかせぐというようなことはこれ以前も見られた。しかしそれは散発的なもので、本格的移出はやはり都島の功績というべきであろう」と記載されている。だが、『七つの海で一世紀――日本郵船創業100周年記念船舶写真集』収録「資料編・取得船リスト」の、「名護屋丸Ｉ世」（一八六六（慶応二）年）から「摂陽丸」（一九八五年）までの所有船舶リストの中に、「恒春丸」の船名は見当たらない。

一方、『大阪商船三井船舶(株)創業百年史』の同社所有船舶・資料編に、「恒春丸」（旧船名オセアナ）総トン数二六七四トン、購入年月・一九〇四（明治三十七）年十二月四日、購入先・ドイツハンブルグ、アメリカ汽船会社、処分年月・一九一〇年十二月十六日、処分・難（沈没の意）と記録されている。

従って、都島金次郎が一九〇三年四月十日にバナナを船積みした時点には、「恒春丸」は日本国籍の船舶ではなく、船名・会社名共に前者のものは誤りで、後者の説が真実であろう。大阪商船の所有船舶第一船は、一九〇〇年四月二十四日に日本共立汽船会社から購入した「東海運輸丸」（一二一トン）で、以後、商業用バナナを積み込んだとされる一九〇三年まで、同社の所有船隻は二十八隻あり、この中のいずれかの船によって運ばれたものと思われる。詳細について、大阪商船三井船舶に確認したが、これに関する資料は残されていない、とのことであった。

この前年、一九〇二年ごろ日本郵船の「西京丸I世」（二九一三トン、一八八八年建造）の乗組員が約二〇キロ程、神戸市の浜藤商店に持ち込んだ、という記録があるが、これは商品としてではなく、進物用であったと記されている。

台湾航路の輸送貨物の増大に腐心していた都島金次郎は、バナナの輸送に着目し、基隆の青物問屋瀬成発にこの事業を進言した。

これに応じて瀬成発は本格的に現地の農民から大量のバナナを買いつけて、日本に向けて出荷が開始された。以後、日本人にとってバナナと言えば台湾バナナを指すほど、多くの消費者に支持され浸透していった。

『バナナ輸入沿革史』に「戦前のバナナの移入」と題して、第一期時代（明治四十一〔一九〇八〕年より大正三〔一九一四〕年ごろ）から、第三期時代（大正十三〔一九二四〕年十二月、台湾青果株式会社設立以降）までが次のように記されている。

戦前は台湾が日本の統治下にあったので、バナナの取引は他の国内産果実と類似した取引機構によって販売が行なわれた。

（1）第一期時代（明治四十一年より大正三年頃まで）

当初においては取引および輸送になんらの統一もなく、台湾におけるバナナ移出商人は各自店舗で生産者の搬出してきたバナナを買い取り、または各自店舗で生産者の圃場に出かけて行って、バナナを買い付け、これを運送店から内地の問屋に発送していた。

（2）第二期時代（大正三年から同十三年まで）

大正三年頃になると、まず台中商人が共同買入所を作って集荷した上、果実市場で内地商人と取引を行うようになった。（略）

大正十三年の末に至り、台湾青果株式会社という半官半民のバナナの大販売会社が設立された。この会社の出現により台湾バナナの内地向け移出は飛躍的な発展を遂げ、台湾バナナの黄金時代を形成するに至った。

このような背景を伴って、基隆港から門司港（現・北九州港）を経て神戸港に輸出するルートも確立された。

昔から、台湾バナナと言われ続け、その優れた味と品質は日本の消費者に喜ばれ支持されているが、これは、先覚者山岸幸太郎が高雄州・屏東地区でバナナの栽培を始めて以後、日本人の嗜好に適した品種に改良を重ねた汗と努力の結晶によるものである。

明治初期から終戦前までの八十年間にわたり、宮中で催された一五〇回の宮中饗宴の献立を克明に記録した秋偲会の『天皇家の饗宴』に、「明治天皇は果物が好物でバナナ、パイナップル、リンゴ、モモ、ミカン、イチゴなどがお好きであった。バナナは新宿御苑の温室で国産化をはかったこともあったが、うまくいかなかったようだ」と記載されている。

宮内庁が全力を尽しても、この果物の栽培は、日本の気候、風土に適さないのであろう。時代が昭和になり、戦前の一九三七年には、年間三一二万籠（一籠、正味四五・三六キロ）約一四万トンものバナナが台湾から入荷しているが、これをピークとして第二次大戦の激化とともに輸送力が低下し、一九四四年から一九四五年の終戦時までは入荷が途絶している。

戦後の一九四八年ごろに、進駐アメリカ軍専用のバナナが輸入されるが、軍用物資という性質の品であった。

一九四九年四月、日本政府は進駐軍当局とバナナ輸入について折衝を始め、台湾の商社、日本のバナナ輸入業者の懸命な活動と努力が結実して、一九五〇年七月に民間貿易による輸入が認可された。この当時の様子が一九四九年十月八日付の「毎日新聞」に「八年ぶりにバナナ」の見出しで、次のように写真入りの記事で紹介されている。

「七日門司、小倉の果物店の店頭で台湾バナナが八年ぶりに売出され南国のあの甘たるい特有の香を漂わせた。五日宇品に入港した中国船台陽号の積荷バナナのうち三十八籠（十貫入）が門司に回送されたもの、二割は腐敗、百七十貫は門司鎮西橋の日本果実の室へ、熟した五十貫が小倉、七十貫は早速門司の青果市場でせり売されたが久しぶりの初物だけに買手も思わず高値がとび出し上等品百匁三百円、普通で二百円で落され二十分のちには早速店頭にお目見得、美しいセロファン紙に包まれて百匁といつても大き

8年ぶりにバナナ

【七日門司】小倉の果物屋の店頭で台湾バナナが八年ぶりに売出され南国のあの甘ずるい特有の香を漂わせた、五日宇品に入港した中国船台湾丸の積荷バナナのうち三十八籠（十貫入）が門司に回送されたもの、二割は腐敗、百七十貫は門司市西橋の日本果実の船へ、残した五十貫が小倉、七十貫は早速門司の青果市場でせり売りされたが久しぶりの初物だけに買手も思わず高値がとび出し上等品百匁三百円、普通で二百円で落され二十分のちには早速店頭にお目見得、美しいセロファン紙に包まれて百匁といってもも大きいので三本が四百円也とは……（写真は門司青果に入ったバナナ）

「毎日新聞」1949年10月8日付

いのが三本で四百円也とは……」

一九四九年の四百円が、二〇〇五年の貨幣価値と比較してどの程度のものなのか。週刊朝日編の『値段史年表　明治・大正・昭和』によると、小学校教員の初任給三九九一円、日雇労働者の賃金二四二円、食べ物ではカレーライス五十円、もりそば五十円（一九四八年）となっている。その当時は、バナナがわずか三本四百円で売られている。今の若い世代の人には想像もつかないことであろうが、昭和二十年代、いかにバナナが高価な果物であったかを知ることができる。

輸入自由化により大量消費時代へ

戦後、日本政府が民間貿易によるバナナの輸入を正式に認めたのは一九五〇年七月以降で、その後十数年間は台湾産が日本の市場を独占し、台湾バナナ黄金時代となった。

終戦直後、極端に外貨が不足していた日本政府は、バナナの輸入に外貨割当制度を施行した。日本は敗戦後の経済再建に苦慮しており、貴重な外貨を使って輸入されるバナナは贅沢物資にランクされ、輸入数量が少なく、いかに高価でもすぐに売り切れるという状況であった。

政府は、輸入業者に対して公正な割当方法として、一九五〇年十二月五日、抽選による割当方式として、先着順割当方式を発表した。担保として、一口（件）につき多額の供託金を積めば、会社、個人を問わず誰でも申請が可能なものであった。

抽選には、現在、商店街のイベントなどで使用されている、手廻しでガラガラと廻して玉がポンと飛び出す通称「ガラポン」と呼ばれる抽選器が用いられた。日本のバナナ輸入史に不可欠なガラポン方式である。当たり玉は赤、はずれは白と決められていた。

この抽選の参加に必要な供託金を用意するため、参加する中小の輸入業者は金策に苦労し、引き当てた玉の色に一喜一憂した。

くじ運に恵まれた者、参加する度に不運な結果に終わる者。飛び出た玉の色が商売の成功、失敗を決定づけた。このような体験を経た輸入業者にとって、台湾バナナには格別の愛着があり、今もなお台湾産への思い入れは強い。

二〇〇四年現在、日本での台湾産のシェアは約二％と非常に低いが、台湾バナナから受けた恩恵を知る業者も少なくなった、と老舗の業者は語っている。

経済復興が進み一九六三年四月一日、政府はバナナの輸入自由化を実施した。

自由化によって台湾産の他に、世界的なバナナ産地であるエクアドル産や、日本の市場をターゲットにして大量栽培されたフィリピン産が多く入荷されるようになる。

一九六三年一月から十二月までの日本の輸入総量は五七六万籠（一籠四五キロとして換算）、そのうち台湾産は一二〇万籠で、中南米産は約四五六万籠、台湾産に対して約三・五倍の中南米産が入荷している。

それまで、一般的にバナナと言えば台湾産と思われていたが、一九六二年七月下旬から十一月初旬にかけて、台湾でコレラが発生し、このために日本向けの輸出は全面的に禁止された。不運なことに、翌一九六三年、台湾は度々大きな台風に見舞われてバナナの生産も多くの被害を受け、輸出量が大幅に低下した。当時、高価であったバナナを「食べたい」とねだる子供に、母親や大人たちは「バナナを食べるとコレラにかかって、とても苦しんで死んでしまう」と、もっともらしい理由を口実にして納得させたものである。

台湾からの入荷減少により、需要を満たすことが困難な見通しとなった輸入業界は、中南米バナナの輸入に着手するとともに、長期にわたる安定需要量の確保を目的にして、フィリピン・バナナの開拓を強力的に推進した。

その結果、一九六七年まで占有率八三％であった台湾産は、翌一九六八年五五・七％、一九六九年五一・六％と落ち込み、一九七〇年には二五・四％にまで低落した。

これに代わってエクアドル産が五五・五％に急増し、次第に台湾バナナが店頭に並ぶのは珍しいこととなった。

加工技術の向上

日本の高度経済成長に伴って、急速に伸びる消費量に着目したアメリカの大手青果会社や日本の総合商社は、フィリピンの気候がバナナの栽培に適し、地理的にも南米に比べて有利であることから、大規模なバナナ栽培を開始した。同時に日本の消費者の嗜好に適した品種の改良に努め、業界の関係者が提携して販路拡大を達成し、その結果、一九七三年には、フィリピン産は南米産を抜いて日本市場占有率第一位の座を占めるに至った。

当初、フィリピン産や中南米産に対して、受け入れ側の知識や経験不足から、その処置に多くの不備があって、消費者から「中南米産は味が悪い」と苦情が多く寄せられ、非難を受けた日本の輸入業者は包装や荷捌設備、加工技術、輸送手段などに改善を重ねて画期的な進歩を遂げた。

中でも画期的なことは、バナナボート（冷蔵装置のあるバナナ専用の運搬船）の運用で、日本とは比較的近距離な台湾にも運航して、輸送中の損傷を最小限にとどめることを学んだ。

加工面では、電気装置による追熱加工を教えられ、設備の建設を実施し、東京、横浜、名古屋、大阪、そして北九州と電気装置による最新式バナナ加工施設が次々に建設されて、全国的にバナナの加工技術と能力は大きく発展していった。

叩き売りの口上で語られる色づけ（追熱加工）や荷役の様子などは昭和三十年代に様変わりし、昭和四十年代以後は総合商社、国際資本が生産から販売まで扱うようになり、品質は安定し、味も向上して現在に至っている。

輸入初期のころは、船に冷蔵設備がなく、船倉を開けて常に空気の流通に注意していた。バナナは採果されても呼吸し続けており、熱を放出するため船倉内が温まり腐敗の進行が早くなる。また、積み込み、積み下ろしの手段の不良などが原因でバナナに傷みが生じていた。口上の語りの中に「門司のみなとで検査され　一等二等とある中で　私のバナちゃん一等よ」と自分が売る品物の良さをアピールしているが、戦前、台湾から入荷したバナナの品質は四段階に分けられていて、特等品は□印、一等品は○印、二等品が△印、三等品は「印で表示され、品不足のため格外の品を積み出す場合、╖印が用いられていた。

損傷の状態はさまざまであり、業者間では次のように区別された。

①青ぶく

バナナは青い時に採果して輸入されるが、採果のタイミングによっては船倉で熟れて、皮は青く外見は変わらないが、果肉がベトベトの状態になる。これは廃棄処分される。

青ぶくについては、作家獅子文六が、バナナの輸入をめぐって展開される人間の欲望や楽しみを喜劇タッチで書いた小説『バナナ』(「読売新聞」連載、一九五九年二月十九日~九月十一日) に次のような歌で紹介している。

青ブクの歌

その皮は青けれど
身は朽ちて　けがれたり
その眼ざしは清けれど
心はさすらいの娼婦に似たり
ああ青ブクのバナナ

バナナは黄なるこそよけれ

②じく（軸腐れ）

青バナナの房の軸の部分が傷んでいるもの。

じくは房の軸の部分のみ傷んでいる品で、果肉は良い状態であるから、加工されて市場に出る場合もあるが、加工の段階で軸の傷みが進んで軸から一本、また一本とばらばらに離れる。従って価格も極端に低くなる。

③風邪ひき（または灰バナナと称する）

バナナはトロピカルな果物。熱帯産の植物であるために寒さには弱い。寒風にさらしたり、冷たい場所に長時間置いたりすると凍傷状態になり、果肉の内部組織が壊れてパサパサになる。

④潮かぶり

専用船がない時代には、甲板《デッキ》積みのバナナは荒天に遭遇した場合など、時たま海水を受けることがあった。塩分を含んだ水、海水をかぶったバナナは加工しても黄色く熟さず、灰色がかったものになり、味も悪くて商品価値はない。

⑤折れ

船積みや揚げ荷など輸送中の荷扱いが雑であったり、バナナの房を納める際に房と房との間に隙間が多いと揺れるたびに生じる衝撃によって折れてしまう。折れもまた商品価値はゼロである。

⑥もげ

バナナが房からバラバラに離れてしまったことを言うもので、「房からもげてしまった」との意味。加工すると正品と変わらず、味も香りも全く変わらないが、商品として店頭に出す場合には、はんぱ物として皿に盛って安く販売される。俗に言う「くず物」のことである。

⑦腐れ

文字どおり完全に腐敗し、表面が黒色になってしまったり、潰れてしまったものなど全く使用できないものを言う。

日本が高度経済成長期に入る昭和四十年代、台湾から門司港（現・北九州港）まで海上輸送で三泊四日の時間を要していた。現在は二日間の船旅で北九州市門司区田野浦のバナナセンターに荷揚げされている。

バナナは収穫された瞬間から熟成を始めるため、保冷してこれにストップをかける。輸出にも注意が払われて、トレーラーを使って港まで運び、積載可能な保冷設備が整備されたバナナ専用船《ボート》によって輸出される。

バナナは青いまま、植物防疫法で定められている港から輸出されるが、主たる産地である台湾、フィリピン、エクアドルなどの黄熟バナナに、地中海ミバエなどが寄生する可能性があり、このため厳しく輸入禁制品に定められている。体長七〜八ミリのミカンコミバエや、ウリミバエなどの害虫に寄生されると、一見、大丈夫のようでも中身はウジの巣窟となり、駆除、撲滅に膨大な費用と時間が必要になる。

このミバエは青い未成熟のバナナには寄生しないため、青物で輸入される。陸揚げの際、産地で行われる洗浄作業で見落とされたダニやカイガラムシの付着に対処するため、植物防疫官による厳しい検査が実施される。

検査時、輸入量の〇・五%、箱《カートン》の数で約三十箱を無作為に抜き取り、担当官の厳しいチェックを受ける。産地で見落としたカイガラムシの付着が発見された場合、検疫官が立ち会いのうえ、倉庫で薫蒸されて通関の手続きがとられ、食の安全が確保される。

バナナが輸入されるには、国が定めた三つの検査を必ず受けなければならない。

第一に、植物防疫法にもとづいてバナナに病虫、害虫が付着したり、病菌に侵されていないか検査が行われる。

第二は、食品衛生法第十六条により、コレラ菌対策など衛生上の観点から検査が行われる。

第三は、税関検査で、輸入品がライセンスと間違いなく合致しているか、数量は正確であるか、禁制品が持ち込まれていないか、などが検査される。

言うまでもなく果物は傷みやすいし、取り扱いにも気配りを必要とする。バナナも例外ではなく、そのために通関や荷さばきなどの作業に当たる人たちには熟練と特別な配慮が要求される。このような理由もあって、バナナが輸入される港では長年、一定の荷役会社が取り扱いに従事している。

例えば、横浜港、神戸港そして北九州港（門司港）は、株式会社上組。東京港と博多港は日本通運株式会社が荷役に当たっている。陸揚げされたバナナは加工業者によって追熱加工されるが、一九六五年ごろまでは「地下室《むろ》方式」で加工されていた。

作業はガスを点火して室を温め、数時間ごとに室に入って匂いを嗅いだり、バナナを手で触り、その感触で熟れ具合を確かめて、次に氷を入れて冷やす、というものである。

従って業者は昼夜を問わず熟度の進み具合に細心の注意を払わなければならない。これを「色づけ」と称して、そのタイミングは「父子伝来の秘伝」とされていた。この様子はバナちゃん節口上の一節として、今も語り継がれている。

一九六〇年代後半以後はアメリカ式の最新技術を採り入れた加工設備となり、電気装置やガス設備が完備されて、温度、湿度、換気などの管理が合理的に行われて、熟度に対応して自由に調節できるように装置が施されている。

バナナが栄養豊富な、美味しい健康食品であることは広く知られているが、食べ物以外にも、産地の人たちはバナナを総合的に利用している。

例えば、肉厚の新鮮な葉は三〇センチ程の正方形に切り、食器として市場で売られているし、調理にも、魚や野菜を葉でくるみ蒸し焼きにする。また、建材としても壁紙に利用し、雨具の代用品としても使われる。

二〇〇三年現在、バナナは世界一二九の国や地域で生産されているが、年間約一〇億トンにのぼるといわれる葉や茎が廃棄物となっている。近年、これを原料にして、紙や繊維・布が生産されるようになった。

生産コストの点で問題はあるが、森林伐採など資源保護の面からも世界的に注目されている。

　強調したいのは皮の利用法で、演劇に必要なカツラの素材として活用されたことである。

　俳優加東大介（加藤徳之助伍長）は、自分の戦争体験を「南海の芝居に雪が降る」の表題で『文藝春秋』に掲載し、その後一九六一年に『南の島に雪が降る』と改題されて文藝春秋新社から出版された。

　一九四四年、敗色の色濃い悲惨なニューギニア戦線で、加藤伍長は司令部の命令を受け、希望を失いつつある兵隊を慰めるために、戦友とともに「演芸分隊」を結成した。

　ジャングルに演芸小屋を建て、家業が洋服屋である兵士は衣裳を作り、絵心のある兵士が大道具を作り、遠い祖国に思いを寄せる兵士たちに憩いのひとときを提供した様子が書かれている。役者に不可欠なカツラは、空襲で死んだ軍馬のシッポで作ったが数が少ない。これを解決した様子を、同書から引用する。

「（略）バナナの皮を切りとって、泥のなかに埋めておく。しばらくすると柔かい部分は腐って、糸のような繊維だけが残るのである。それをよく洗って、なん回も天日で乾かす。カサカサになったら、よくたたいてシナシナにする。このたたく作業が、いちばん日数を食った。それでも、こうしてつくった毛は、いくらか女の髪らしい柔かみを持っていた。二人は、それを使って、どんなカツラでもつくりあげていた。丸マゲが見事に完成したときは、みんな、なんともいえない顔をして、穴のあくほど見つめていた。（略）」

愛する家族や祖国のために戦死した幾万人もの戦友に対して鎮魂を込めて書かれた同書は、NHKでテレビ・ドラマ化され好評を博し、一九六一年に東宝で加東大介も出演して、久松静児監督によって映画化された。さらに一九九五年には小島総監督、高橋和也、根津甚八などの出演でリメイクされている。

バナナは半世紀以上にわたって、大道芸の花形として多くの庶民に親しまれ、支持され続けている叩き売りの素材としても用いられるが、その皮が、演劇に不可欠なカツラの製作にも利用されていて、芸能に深い関わりをもつ特性のある愛すべき果物なのである。

第二章
バナナの叩き売りのルーツ

扉写真＝今村恒美画伯からの葉書（一九八六年九月十五日付）

叩き売り発祥の地

バナナの叩き売りのルーツは、世界最大の果物会社であるアメリカのユナイテッドフルーツ社（以後、単にUF社。現・ユナイテッドブランズ社）の誕生に関わっている。

一八九〇年代、南米コスタリカで栽培されていたバナナは、同社によって最大の消費地であるアメリカのニューオリンズ港に荷揚げされていた。

ルーマニアの北端ベッサラビア州（現・ロシア）生まれのゼムレーは、一八九二年、移民としてアメリカに渡り、十五歳のとき、ニューオリンズ港に入荷したバナナのうち、腐る直前のものが格安で売られていることを知る。彼はUF社と交渉を重ね、これを一括して購入する契約を結んだ。

交渉中、UF社は利用目的について執拗に尋ねたが、彼は返答をこばみ続け、交渉にあたったUF社の担当者は、果実酒でも作るのだろうと判断して、熟れすぎたバナナの全てを二束三文でゼムレーに売る契約を交わした。

ゼムレーはこの品を格安で売り、高価であったバナナに縁のなかった低所得者たちが店に押し寄せ、彼は大きな利益を得た。このとき、日本の大道芸に見られるような口上を述べて売ったか否か、これに関する記録はないが、叩き売りで財を成した男が存在したことは確かである。

やがてこのことを知ったUF社は、契約の解消を申し入れるが承諾されず、結局、ゼムレーが新しく創設する会社の資金をUF社が出資することを条件にして、叩き売りの仕事に終止符を打った。

日本での叩き売りは、いつ、どこで始まったのか、明らかでない。

現在残っている口上のうち、文面から察しておそらく一番古いものであろうと推察されるものが、『バナナの経済学』（若槻泰雄著）に次のように紹介されている。

屋台の前にはバナナをうず高く積み上げ、後には「蕃人襲来、バナナ大暴落」などと赤インクで書いた紙がはってある。

蕃人来襲、来襲。

去る一〇月三〇日夕刻、台湾は台東州、下逢坂駐在所に突如として兇悪蕃人数百名襲撃、警察官および家族男女数名は無惨にも殺傷された……。

蕃人が襲来するとどうしてバナナが安くなるか、それが分らぬのが素人のあさましさ。バナナは台湾の山に野生している。だが蕃人がいつ出て来て首刈りをされるか分らぬので、普段は深山にはいって採集することができない。ところが、蕃害があると、軍隊や警察官が出動するので蕃人は山奥深く逃げこんでしまう。そこでその後からついていった本島人が、バナナを山からしこたまとってくるというわけだ。

貧乏人はこんなときでないとバナナなんて食べられないよ。さあ、買っていった、買っていった。

バナナは三越で売っている百匁十五銭、二十銭のバナナでも、ここで売っている百匁二銭、三銭のものでも栄養価値は同じだ。ほらこれをみてごらん、台湾総督府でお調べになったものを、台湾青果会社がポスターにしたものなんだ。バナナ一個の栄養は……。

うちの子供なんかバナナばかり食べているから学校ではいつも優等だ。校長先生からも、長年教職にいるがこんな頭のいい子はみたことない。いや、おそらく日本一かもしれないと折紙をつけて下すったんだ。

この間も宮様の前で御前講演をしたり、放送局から放送を依頼されたり、忙しくて勉強するひまもないくらいだ。

そこのおネエちゃんどうだ一つ買ったら、女の子がバナナを食べたら美人になること間違いない。この間ハリウッドに行ってみたらおどろいたね……。アメリカの女優はみんなごはんを食べずにバナナばかり常食にしているんだ。だからきれいなわけだよ。

さあ買った買った。なに？　皮が少し黒いって？　黒いからいいんだ、牛肉だって殺してすぐ食ってはまずい。バナナも黄色いうちはまずいんだ。第一、色の黒いのは健康食だ。白いと肺病にかかりやすい。色の白い美人は腹が黒い。そんなことはどっちでもいい。この一山、十銭だ、五銭だ、一銭。よし、ただだ！

啖呵売《たんかばい》独特の、下世話で意表をつく、大袈裟な屁理屈を随所に組み込んだ口上だが、一〜十銭、二十銭など貨幣の表現や、台湾の原住民である高砂族を「蕃人」と称するなどから、大正初期のものであると推察される。

因みに、三越デパートが日本橋にルネッサンス式鉄筋五階建ての新店舗として建てられ、オープンしたのは一九一四年である。

一九九六年八月に八十七歳で亡くなった女優でエッセイストの沢村貞子が、『暮しの手帖』一九七四年夏号掲載「私の浅草」の「タンカバイ」の中で、彼女が小学三年の夏、夕食後、「お貞ちゃん、パナマ（バナナのこと）を買いにゆきましょう」と祖母に誘われて、浅草の観音さまの境内に行った思い出を、軽妙な文体で書いている。

「雨戸ぐらいの組立て台の上にバナナを積みあげ、一房ずつ値をつけてゆく。口上の合間合間に右手に持った棒のようなものでパシリパシリと台を叩く。（略）『さあ、見てやってくれ、このバナナのうまそうなこと、遠い台湾からはるばる海を渡ってきたというのに、やせもせず、いたみもせず、ほんのり黄色いこの色つや、さ、大きな眼をあけて、よーく見てくれ。（略）よーし、本堂の大屋根から飛びおりたつもりで（パシリ）一円と二十銭。これなら文句はねえだろう、さあ買った買った』」

この体験は、彼女の年齢から逆算して一九一八年のことである。

お茶の水女子大学名誉教授外山滋比古は、毎日新聞社発行の小冊子「毎日夫人」一九八七年八月号で、「バナナ」と題して思い出を紹介している。

「こどものころの田舎のことを思い出した。当時はバナナの並んでいるような店はなかったから、お目にかかるのは縁日など特別に人出の多いときのタタキ売りである。カゴづめのバナナを満載したトラックが道ばたにとまっている。元気のいい若ものとおやじさんとが荷台にあがっている。トラックをとりまいた通行人が見守るなかを、ひと房ひと房せりおとしていく。こども心にこんなおもしろいと思ったことはほかになかった。（略）『さあ、これはうまそうだ。一円八十銭、一円五十銭、一円三十銭、一円二十銭、どうだ一円二十銭、大まけ大ふんぱつの一円じゃどうだ。しみったれた客だ、これなら買うか九十五銭！（略）』そうして買ってきたバナナは半ば夢のくだもので、一本まるのままかじるときの喜びは格別、味がよくわからないくらいだった」

一九三〇年代（昭和初期）ごろのことだろうと思われるが、セピア色の古いアルバムを見るように当時の様子が記されている。

また、『日本春歌考』の著者として知られる添田知道が記した『香具師の生活』に、明治から昭和初期にわたる東京での露天商の動静が紹介されている（〔〕は筆者注記）。

〔明治〕三十三〔一九〇〇〕年の警視庁令では、見世物興行に鑑札制をもうけ、社寺の境内、私有の空地には興行させるが、一般街頭の興行はこれを一切禁止とした。

　これがさらに大正十五年二月には、道路交通取締規則の第四十、四十一条をもって、露店慣行地の取締りにあたることが発表された。

第四十条　露店ハ所轄警察署ニ於テ指定シタル区域内ニ非サレハ之ヲ出スコトヲ得ス

第四十一条　露店ヲ出ス者ハ左ノ事項ヲ遵守スヘシ

（一）各店ハ間口二米（約一間）奥行一米（三尺三寸）以内タルコト

（二）十二米（六間三尺）毎ニ一米（三尺三寸）以上ノ間隔ヲ保ツコト

（三）道路ノ交叉点、曲角、横断歩道又ハ電車停留場ニ於テハソノ標示柱ヨリ十一米（六間）以内ニ出店セサルコト

（四）火災報知器、消火栓、人孔ヨリ三米（一間四尺）以内ニ出店セサルコト

（五）路次又ハ建設物ノ出入口ヲ閉塞セサルコト

（六）糶売《ちょうばい》〔競売・せり売り〕ヲ為ササルコト

（七）魚具其ノ他腐敗シ易キモノヲ販売セサルコト

（八）道路ヲ汚損セサルコト
（九）午後十一時以後ハ閉店スルコト
第四十二条　所轄警察官ハ露店ヲ出ス者ニ対シ前条ノ外取締上必要ト認ムル事項ヲ命スルコトヲ得

これでそれまで黙許のかたちであった出店慣行が、公認となったのはいいとして、この、四十一条の第一、第六、第九項が、営業上甚だ差支え、死活問題にもなるからと、実施延期運動がおこった。昭和三〔一九二八〕年三月十日、都下の露商が一団となり、実行委員をあげ、前代議士海原清平のあっ旋で、警視庁に左の陳情を行った。

陳　情　書

露店商の死活問題
　将に目睫の間に迫れる昭和四年一月一日より実施されんとする露店取締規則の交通取締第四十一条露店出店事項は我東京市の露店商の死活問題で若し之が実施を見る時は全市三万の露店商と十二万の其家族は餓死するの已むなき立ち至るは明らかであり

ます。我国曠舌の御即位御大礼は国民歓喜の裡に行はせられたるの秋、賢明なる当局の御精査に由りて社会の最下層に少資本を以て営業し家族を養ひて向上改善に努力しつつある露店商人を救済されん事を懇願いたします。今露店商の苦痛なる点を左に二三の実情に訴へて御参考に供します。

この文書に続いて、植木商、道具商、おでんすし等飲食商、玩具商・飴菓子商、果実商、バナナ屋商、説明販売商、文房具新古書籍日用品、雑貨商、青物商がそれぞれ窮情を訴えているが、このうち、果実商・バナナ屋商は次のような文書を提出している。

私共は高さ三尺直径二尺五寸の籠一個の中味の売上に対する利益は五六十銭位で生活費を得る為には薄利多売で数籠を列べて売るに非ざれば一家の生計を支へる事は出来ません殊に短時間で有りますから面白く説明して売る事をお許し願ひます。

〔略〕

昭和三年十二月十四日

右陳情候也

これらの文章から推測して、東京では一九一七年ごろには、縁日など人出のあるときに、バナナの叩き売りが見受けられている。

一方、発祥の地といわれている北九州市門司区では、地元紙「門司新報」の一九二九年四月六日付紙面に「門司名物のバナナ売――外観も内容も綺麗にと自発的に十数ケ条の申合」の見出しで、次のような記事が掲載されている。

「門司の駅を出て先づ第一番に印象づけらる、名物のバナ、売り、郵商船会社付近から桟橋通り一帯にかけて籠を路傍に据え□（解読不可）に客を求むるバナ、売り、不体裁だと言へば言へぬ事もないが兎に角門司唯一の名物たるを失はぬ、そのバナ、売りも外観如何にも貧弱さうに見へるが事実は然らず。総勢三十八人を以て組織した門司芭蕉実行商組合員一ケ月の売揚は平均一万円を突破し一日七円も八円もの利益を得る者があるそうな」

これらの文面から、東京の浅草では一九一〇年代（大正初期）にバナナの叩き売りが行われていたことは確かである。

それにしても、一九二九年の大学卒業銀行員の初任給七十円（『値段史年表』）と比較して、利益の大きさに驚かされる。もちろん相当な量のバナナを売り捌いていたものと想像されるが、一九三三年、門司市役所（現・北九州市門司区役所）が編纂・発行した『門司市史』には、バナナの叩き売りに関する記録は全くない。

現在はレトロの街・門司港の観光戦略の一つとして重視されている叩き売りだが、当時は露天商人の生活手段であったことによるものであろうか、公的な資料はない。

一九八一年、国鉄門司港駅（現・ＪＲ）駅長岡村昭が『門司港駅 90年の歩み』と題して小冊子を出版した。この中に明治から昭和にかけて門司港駅界隈のことを知る古老七名による座談会の様子が掲載されている。

出席者の門司港運(株)社長野畑彦蔵（当時八十五歳）は、「台湾から週二回、日本郵船と大阪商船がバナナを運んできたが、多いときには一〇〇〇トンも運んできたこともあります。バナナは竹籠に入れて沖から艀で、下関や門司に陸揚げされていた。門司は東港町（現在のレトロ地区）にせり市があって、バナナ屋は十数軒あり、バナナを庭に掘ったムロに入れて電気をつけて熟し、熟し過ぎたものは門司で売り、未熟のものを貨車に積んで地方に発送しました」と語っている。

出席者の中で最長老の片山ウメ（当時八十九歳）は、一八九二年創業以来現在も続いている老舗旅館郡芳閣の館主で、門司の名物おかみとして知られた女性だが、「バナナはどこででも売っていたようです。熟し過ぎたバナナの悪いところを切ったりして、安く叩き売っていました」と、野畑彦蔵とともに大正時代の様子を懐かしんでいる。

通説として、門司港はバナナの叩き売り発祥の地とされているが、その根拠となるのは次のような背景によると考えられる。

前項で述べたように、バナナは明治時代末期に産地台湾の基隆港から、門司港を経て神戸へ向け海路輸入されている。門司に寄港したバナナボートは、積荷の何パーセントかを、九州や下関地方の消費者のために陸揚げした後、神戸に向かうという航程が組まれていた。

陸揚げされたバナナはチッキ（秤）にかけて重量を確かめ、馬車で加工業者の室《むろ》まで運ぶ（これをミズキリという）という手順であった。冷蔵設備がない時代の四日間にわたる船旅で、前項で述べたような傷みが生じたバナナは業者の手によって処分されたが、傷の少ない部分は切り取って小皿に盛り、安く売っていたと多くの古老は証言する。

現在では想像もつかないほど高価で高級な果物であったことから、ハンパ物でも客は喜んで買い求めていた、とも語っている。

その中で、「商品価値もなく、捨てられたバナナは定職をもたない労働者などが持って帰り、〝おやつ〟というより代用食として、家族の空腹を癒していた。そのうち何人かが、これを安く売って換金することを始めた。これがヒットして、当然捨てられているものだけでは品不足となり、良いバナナを問屋から買い受けて、門司港駅前の桟橋通り付近で商売するようになった。これが叩き売りの始まりだ」と力説した古老の話を紹介しておきたい。

しかし、残念ながらこれを裏付けるものは何も残っていない。

口上のルーツ

前出の片山ウメや、地元門司港の古老たちの記憶によると、初期のころは口上を長々と述べてバナナを売るようなことはなく、先を急ぐ旅行客などに「バナナはどうですか、買って頂戴」と、ありきたりの言葉で客引きをやっていたということである。

この客引きがエスカレートして、人に迷惑を及ぼすことが多くなり、門司警察署から厳しい通告を受けて、前述の「門司新報」紙面にあるような十数カ条にわたる申し合わせが行われた。

そのうちに、売り声に工夫を凝らして売り上げを競い、少しでも客受けするために、バナナの効用を宣伝文句として使う者が現れる。「バナナ一本は牛肉百匁、卵ならば三個分の栄養がある。鯛百匁と同じくらいの滋養がある」とPRに努める者があれば、ある者は「バナナは肋膜などの病いに効用あり」と薬効を力説して売り上げのアップを計る。

また、軍国日本の当時の世相を反映して、死んでもラッパを口から放さなかったという軍神木口小平のエピソードなど、戦意高揚のための美談を七五調の口上にして商売する人が増えていった。

古老たちの記憶している断片的な口上の内容は一様ではないが、現在語り継がれているものに、これらの文句は生きている。

そして、客を笑わせ、受けをねらうための常套手段として、俗にいう「下ネタ」を多用することになる。日本人の性に対する意識や風俗が大きく変化した現在と違い、性が抑圧されタブー視されていた当時、卑猥な文句で客を笑わせ、歓心を買うという手段をとることになる。この手法は、以来バナナちゃん節の切り札的なものとなって、今も頻繁に用いられている。

一九八八年八月、『ザ・バナちゃん節』と題して、筆者が東芝ＥＭＩに依頼しＬＰレコードを自費製作した際、これが大きな障害となって苦心したのを忘れることができない。

現在伝えられている口上は、故人・井川忠義（一九二六〜八三年）が「さびれゆく門司港に往時のにぎわいを復活させよう」との熱い思いから、自身の記憶を基にして、昔を知る人たちへ聞き書きを行って掘り起こしたものである。

彼の父親は、福岡県門司市（現・北九州市門司区）でせんべいの製造販売を家業とし、井川は地元の豊国中学校（現・豊国学園高校）時代、「学校をさぼっては、よくバナナの叩き売りを見に行き、口上を真似ているうちにすっかり覚えてしまった」と生前、マスコミに度々答えている。

家業を継いだ彼は、戦後一九四九年、製パン工場に転業。パンの製造販売店を経営、直後に学校給食の指定も受けて店は繁盛する。

生来の芸好きであった井川は、地域の社会活動にも熱心で、校区の研修旅行や懇親会の宴席などで芸者姿やチャイナドレスに扮装して、手踊りを披露し喝采を浴びた、というエピソードは多い。

一九七六年、門司校区公民館の館長に選ばれ、地域の人望を集めていたが、地元商店主らが門司港発展のための活動を目的として結成した、門司港発展期成会に幹事長として参加した。門司港名物として知られるバナナの叩き売りが戦後初めて正式に披露されたのは、この会の集まりの席である。

これが次第に多くの人に知られるようになり、マスコミにも採りあげられて反響を呼び、各地のイベントでも活躍するようになった。『明治・大正・昭和　食生活世相史』（加藤秀俊著、社会思想社、一九七七年）によると、一九五〇年十二月に東京新橋でバナナの叩き売りが復活したと紹介されており、九州では一九五四年、佐賀で北園忠治が果実商を始めた直後、梨の競り売りからスタートし、バナナの競り売りに専念するようになる経緯が著書『太うして長うしてツンとした』に記されている。正確な時期は聞きもらしたが、熊本でも古賀稔が活躍した。時期は下るが、その後の井川忠義の出現は、素人の芸好きが郷土を愛し、街おこしの一環として叩き売りを復活させたことは意義深く、この功績は地元で末永く評価されるべきである。

彼がこの芸を身につけるに至るまでの事情を知るため、一九九二年十二月七日、筆者は門司区東門司の美智子夫人を訪ねた。

仏前で、控えめな口調で夫人は、

「主人は工場や家庭では、いっさい叩き売りのことは口にしませんでした。机に向かって口上を清書している様子も全くありませんでした。だから、いつ、どこで練習していたのか、家族の者は皆無関心で何も知りません。

給食用のパンと店売り用との需要が重なって、最盛期には従業員が十人位いました。仕事に追われ、猫の手も借りたいようなときでも、家業には無頓着で、校区の行事や叩き売りのために外出することが多かったです。

イベント当日が悪天候で、人の集まりが悪くバナナが沢山残ったときなど、自分が買い取って持ち帰り、従業員に配っていました。

彼の母親は、そんなことを充分承知していて、従業員や私に気をつかって、いつも工場を手伝ってくれました。主人の告別式には、家族の知らない多くの参列者があり、そのとき初めて、生前、こんなに人の喜ぶようなことをしていたのか、と、やっと理解しました」。

語り終わると、北園忠治からの封書を取り出して見せた。北園は現存する数少ない「のぞきからくり」の保存、演者としても全国に知られるが、文面は口上の内容について、井川が常々抱えていた疑問点や、記憶に自信のない箇所について尋ねたことに対する返信であった。

二通の封書の宛て先は井川の療養先、門司市立病院（現・北九州市立門司病院）気付で、死の直前までバナナちゃん節を愛し、行く末を案じていた様子に筆者は感動した。

帰りぎわ、「相方として、よく共に行動していた中山さんが、何か知っているかもしれない」と勧められ、北九州市門司区谷町の中山宗保を訪ねた。

主旨を説明すると心よく応じてくれ、「昭和五十一（一九七六）年当時、私は毎日新聞西部本社に勤務しており、余暇を利用して門司校区公民館のさまざまな社会活動や地域の行事に参加していました。そこで井川さんと出会い、やがて、井川館長・中山主事のコンビで女房役として公民館の運営に係わるようになりました。同時に、井川さんからの要請で、勤務に支障のない範囲で、の条件つきでバナナの叩き売りの相方を務めるようになりました。仕事の傍らであるため公民館に出入りする時間も限られ、井川さんが口上の掘り起こしに努力している姿は知りません。むしろ、妻は同公民館の婦人部に所属しており、井川館長とは行事を通じて接触の機会が多く、旧知の間でもあるし、妻の和子に聞いてください」と夫人に話を向けた。

左より，バナナの叩き売り復興の祖・井川忠義と
中山宗保（中山宗保氏より寄贈の写真，1982年）

質問に対して和子夫人は、

「私は館長と呼ばずにターちゃんとニックネームで呼び、私のことは母ちゃんと呼んでいました。とにかく、芸事の好きな人で、小唄、端唄など多芸で三味線も達者でしたね。若いころ相当なお金を注ぎ込んだであろうことは誰が見ても分かるような芸風でした。バナナの叩き売りは、最初、校区のごく内輪な酒席で披露していました。

門司港発展期成会の初代会長小島次男さんが、これは門司港には貴重なものだから、是非復活させよう、と提唱して会員も皆、協力しました。はっきり記憶していませんが、昭和五十年ごろ、初めて民間のテレビ番組に出演したのがきっかけとなって、次第に広がっていきブームになりました。

最初から今のようなストーリー性のある文句ではなかったと記憶しています。

マスコミに採りあげられ、反響を呼び、話題が広がっていくに従って、昔の口上にまとめあげたものです。公民館活動の合間に、地元の古老をつかまえては昔の話を聞き、自身の記憶と照らし合わせながら掘り起こしていました。苦心の作業は門司校区公民館で行い、当時館に寄り集まっていた人たちの協力で、復活の気運は盛り上がっていきました。

それにしても、戦後のテレビが普及していなかった時代、各地とも公民館活動は盛んでしたね。昭和五十（一九七五）年ごろには、まだその勢いは残っていました。井川さんは出来上がった口上を私たちに見せて、『何かおかしい箇所はないか』と執念深く確認していました。『出だしの〈春よ三月春雨に　弥生の空に桜散る〉は、季語がいくつも重なっていて変よ』と素直な感想を伝えると、真顔で『他の箇所はともかく、冒頭の部分は自分の記憶に今もはっきり残っている。俺は昔、追っかけをやっていた。それでいろんな人たちの口上を聞いたが、多くの人が、この文句をまくら言葉に使っていた。それでここだけは間違っていない。安心せェ』と、きっぱり否定されました。細身な体でしたが男気のある愉快な人でした」

と語ってくれた。

井川忠義は一九八〇年、SPレコードに口上を吹き込んだ。製作者はレコードショップ「びっくり箱」（北九州市門司区栄町七の一八）の共同経営者安武一義で、『サンデー毎日』一九八〇年三月三十日号にその様子が紹介されているが、「試みに定価七百円で千枚プレスしたが、想像以上に好評で、さらに千枚製作して完売した」と語っている。

その後も、レコードを参考にして口上を覚えたい、と希望者が続き、これに応えるた

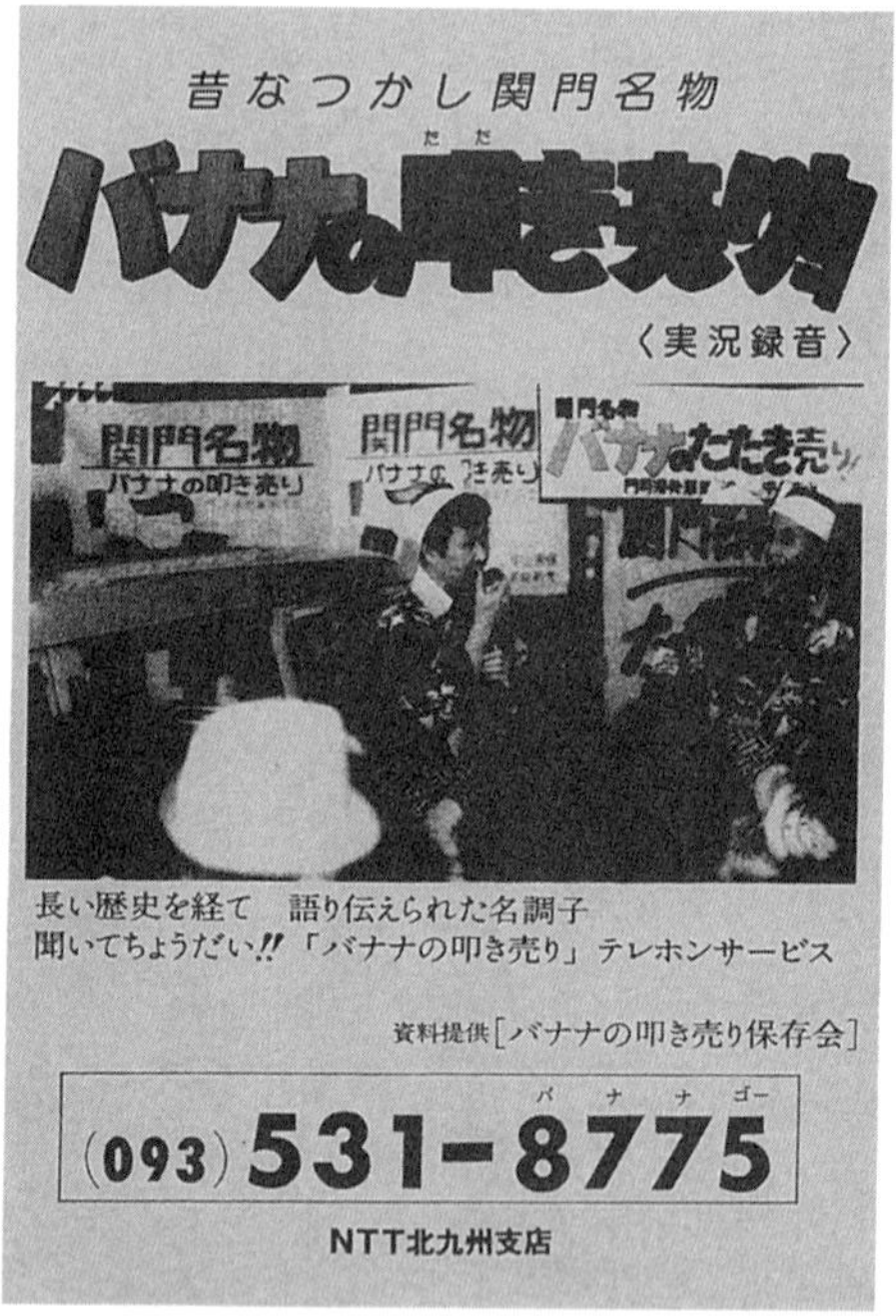

テレフォン・サービスのＰＲチラシ（1983年）

め、長年井川とコンビを組んで相方を務めていた中山宗保は、自ら口上をテープに吹き込み、ＮＴＴとタイアップしてテレフォン・サービスを通じて普及にあたった。受話器から聞こえる口上はよく利用された、と同社の担当者は語っているが、内容が充分に聞きとれない、という声も寄せられたようである。

叩き売りが復興した昭和五十年代は、一般には「目立ちたがり屋の物好きがやること」くらいしか理解されず、レトロの街の観光戦略の一つとして、官民あげて叩き売り発祥の地をＰＲする現在とは隔世の感がある。

戦後、井川忠義、中山宗保がこの分野で地元に果たした功績は大きい。今も庶民に親しまれ、大道芸の花形として多くの人たちに支持され、喜ばれているバナちゃん節の口上は、いつ、どこで、誰が生み出したものなのか。いずれも明らかではない。

北九州市門司区を発信基地にして、時代を超え口伝《くでん》により伝えられている口上の出典やルーツは何であるのか。今まで、この疑問にチャレンジした者は全くいないし、これに関する資料も文献も皆無である。わずかに北園忠治の著書があるが、北園の身上である「芸人に非ず、商人たれ」が示すように、視点の据え方が微妙に違う。

過去に、小冊子で活字になったり、マスコミで紹介されているものは、全て、答えにあたった者が自身の想像を語っているもので、発言の裏付けとなるものは全くない。

言葉は生きている、とはよく言われることで、話し言葉も、書き言葉も、時代とともに変化していく。女性の社会進出によって、若い世代の会話を聞いていると、男言葉と女言葉の違いも希薄になり、いずれ日本では女言葉は消滅するのではないか、との思いを強くする。生活様式が大きく変化する中で、死語となった言葉も少なくない。

長寿社会ではあるが、郷土の昔を知る古老も少なくなった。「門司港はバナナの叩き売り発祥の地」と胸を張るのであれば、せめて、出典やルーツの解明に取り組むくらいの努力を払うべきで、地道な作業だがバナちゃん節を継承するためには不可欠と考える。

そこで、まず口上のルーツを辿ってみる。

雑誌『銀座百点』の一九九五年五月号で、ゲストに天野祐吉を迎え、小田島雄志と村松友視三氏の座談会「広告は評判記なり」が掲載されている。この中で天野祐吉は、おでん売りの歌について次のように語っている。

「おでん売りの歌、今でいうCMソングですね。おでんさんという女が上州の田舎から出てきて、どんどんきれいになって、今お店に出ましたという、遊女の物語に見立てた歌になっている。『おでんさんの出生《でじょう》はどこじゃいなあ、これより東、常陸《ひたち》の国は水戸のご領分……』なんて、延々と歌うんです」

江戸時代の様子であろうか、この歌にバナちゃん節口上の手法が見受けられる。他にもこれに類するものがあると考えられるが、食物を女性にたとえ、悲劇の主人公として道行き文に仕立てている手法はバナナにも用いられている。

このような古くから伝わる物売りの口上を基盤に据えているが、最も影響が強く感じられるのは「軍隊のぞき」である。大正末期頃から、兵隊が歌った「ざれ歌」軍隊のぞきは、もともと「満期操典」と題して、関東（東京）地方の兵隊たちの間で歌われていたものが、日本各地に駐屯する部隊に広まり、その土地の地名、町名、遊廓の所在地を入れ換えて「軍隊のぞき」の名で歌われた。このタイトルの由来は、メロディーを「のぞきからくり」の節に乗せて歌ったことによるものと思われる。

バナちゃん節のルーツ

バナちゃん節のメロディーは、この軍隊のぞきから引用していることは、後述するように譜面上で明らかである。口上も、後半部分で語られる情交の場面をそのまま使い、客の歓心を煽っている。

満期操典については、伊藤桂一著『兵隊たちの陸軍史――兵営と戦場生活』から引用する。

満期操典

兵隊の歌う唄に「満期操典」と題するものがある。平常二等兵が唄うのを、初年兵はいつしかききおぼえる。そして、二年兵が除隊すると、今度は自分も歌える順番がくるのである。

この歌には、兵隊の日常感情や生活意識、自嘲や、はかない抵抗や、諦観の情がこめられている。いつごろから兵隊の間に歌われるようになったのか、よくわからないが、明治の兵営や、大正の初期には歌われていなかった。大正末期か、昭和初期の感覚のように思われる。兵隊の諷刺的長篇叙事詩、と呼ぶべきかしれない。各連隊で、少しずつ歌詞は違うが、大要つぎのごときものである。（これは騎兵隊のもの。従って文中、騎兵〈襟の色が萌黄〉がほめてある。）

文明開化の世の中で
軍隊生活知らないか
知らなきゃ教えてあげましょか

――――

花の二十一徴兵検査
何が花やら桜やら
役場の親切ある故か

親の願いがかなわぬか
私の運命尽きたのか
彼女の願いがとどかぬか
あまた壮丁ある中で
騎兵甲種に合格す
花の四月に蚊の五月
六月蟬も鳴きはじめ
七月八月はや過ぎて
九月十月夢の間に
十一、十二は時の間に
明くれば一月十日には
旗やのぼりを押し立てて
多くの人に見送られ
可愛い彼女と泣き別れ
あわれこの身は入営す

入営したのはよいけれど
破れ軍服身にまとい
破れ軍服いとわねど
朝も早よから起こされて
人のいやがるふき掃除
寝藁出しやら馬手入
腰に下げたる手拭の
かわく間もなく精励す
八時のラッパで飯を食い
食うや食わずで呼集され
五尺有余のますらおが
四角四面の営庭で
右向け左向け廻れ右
東へ向いては捧げ銃《つつ》
西を向いては担え銃

各個教練しぼられる
七月八月なるなれば
こわい准尉の勤務割
炊事当番ご苦労だ
飯あげ飯たき飯ふかし
大根切るのも国のため
週に一度の外出も
内務班長に届け出て
週番士官の許可を受け
大酒飲むな女郎買うな
悪いところに立ち寄るな
文句たらたら注意うけ
木の札もらって申告す
広い営庭かけ足で
衛兵司令に右手あげ

表門歩哨に札みせて
麦飯ホテルをあとにする
葉っぱ吹き出す桜草
一番電車に乗りおくれ
二番電車は満員で
三番電車は貨物車で
四番電車は急行で
五番電車に身を乗せて
着いたところが船橋の
三田浜町へと繰り込めば
十八島田がすがりつき
あら懐しの騎兵さん
赤の襟章は乱暴で
黄色の襟章は泥くさい
萌黄の色が虫が好く

悪いこととは知りながら
甘い言葉にのせられて
十三階段しずしずと
のぼりつめたる四畳半
六枚屏風のその中で
二つ枕に三つ布団
足はきりりとからみ藤
腰は水仙玉椿
へそとへそとの合ボタン
エッサエッサのかけ声で
前からゆくのが遭遇戦
後からゆくのが追撃戦
一汗かいたそのあとで
可愛い彼女のいう事にゃ
私もともと女郎じゃない

家が貧乏その故に
田地売るにも田地なし
家を売るにも家はなし
親族会議のその上で
娘売ろうと相談で
あわれこの身は三千両
たかが一円五十銭で
腰を使えの気をやれの
文句いう気はないけれど
あなたはお国に勤めの身
こんどの日曜また来てね
可愛い彼女はせき立てる
またも電車に身を乗せて
時計をみれば五分前
帰営時間に遅れぬか

バスに乗りたし金はなし
日頃きたえしかけ足で
営門めざして走りゆく
表門歩哨のいう事にゃ
三分遅れた遅刻した
衛兵司令は中隊長

中隊長は大隊長
大隊長は連隊長
一部始終を聞かされて
明日の会報にのせられて
あわれこの身は重営倉

この満期操典が「軍隊のぞき」として各部隊で広く歌われており、野坂昭如の著書『軍歌猥歌』では「〽一番電車に乗りおくれ、二番電車は乗りすごし、三番電車でようように、着いたところが中書島《ちゅうしょじま》、おれは上から藤の花、お前下から蓮の花」と紹介されている。

ここでは福岡駐屯の歩兵部隊で歌われていたものを『中洲の川』（上田利一著）から引用する。

軍隊のぞき

軍隊のぞきは、中隊で毎月開かれる演芸会では誰かが必ずやったものです。私もそのうちの一人でした。その文句がしだいに忘れられているのに気づき、この機会に残しておきたいと書きとめました。

全部を書き残したいと思っても三十年以上の歳月が過ぎ、到底不可能なので、私が常日頃、歌っているものに初めの方を補足しました。

〽ハー　人が花やらチョウチョウやら　花の盛りは徴兵で　親の甲斐性がないためか彼女の願いがたらんのか　歩兵甲種にゃ合格す。

〽ハー　花の三月、春四月、七月八月、夢の間に、一月十日となるならば、かわいスーチャンにゃ泣き別れ、歩兵二十四にゃ入営す。

（中略＝原文のまま）

〽ハー　たまの日曜は良いけれど　二装の服にはけかけて　白い襟布を首に巻き　週番士官の注意あり　禁止区域にゃ立ち入るな。

〽ハー　下の橋にと来てみれば　一番電車にゃ乗りおくれ　二番電車は満員で　三番

電車に飛び乗って　下の橋から上の橋　上の橋から赤坂門　赤坂門から大名町　大名町から万町　万町から天神の町　天神の町で乗り換えて　さして行くのが柳町。
〽ハー　柳町にと来て見れば　十八島田が手を招く　兵隊さんよお上がりよ　あまた襟文字ある中に　二十四の襟文字ゃ大好きよ。
〽ハー　どんどんどんと段ばしご　入ったところは四畳半　三枚屏風に三つぶとん　あなた上から下がり藤　私ゃ下から百合の花　こんな良いことなしの花　そこで電気をけしの花。
〽ハー　ひと汗かいたそのあとで　腕に巻いたる金時計　今は何時と見るならば　夕食ラッパに五分前　おっとドッコイそこ離せ　あれにおくれりゃ重営倉　またの日曜がないじゃなし　離せゴボウ剣に錆がつく。
〽ハー　自動車に乗るには金はなし　電車に乗るには切符なし　日頃鍛えたこの足で営門さしてぞダダ走り。

筆者は一九三五年、福岡県門司市小森江西新町四丁目（現・北九州市門司区）で生まれ、祖母はここで「一福《いちふく》」の家号で遊廓を家業としていた。同世代には知られていることだが、戦時中、軍港の町などでは国策として、民家が兵隊の宿所として使用された。門司市でも、門司港から海路外地に出征する兵隊が民宿した。一九四〇～四二年ごろ、一福は将校クラスの宿泊所になることが度々あり、二階の部屋は全て兵隊に提供していた。

「大きくなったら陸軍大将か、海軍大将になる」が軍国少年の夢であった時代。親の目を盗んでは二階に上がり込んで、兵隊さんたちの様子を憧れと好奇の目で見ていた。勿論テレビはなく、ラジオも出版物も極端に少なく、娯楽の乏しかった当時、束の間の休憩時間に、将校は兵隊に余興を命じて楽しむことがあった。

このとき、定番のように歌われていたのが「軍隊のぞき」であり、放歌、高吟する兵隊さん。それを笑いながら嬉しそうに聞く士官。歌の内容は分からずとも、この情景は筆者の子ども心に残っている。

記憶では、上田利一の記録にある歌い出しの「〽ハー」の部分はなかった。自然発生的に歌われて兵隊の間に浸透したざれ歌であり、歌う者により多少の相違があるものと考える。

大道芸の花形

バナナの叩き売りは「啖呵売」の中でも花形として知られる大道芸の一つだが、他にガマの油売り、瀬戸物売りなどがよく知られている。『広辞林』（三省堂）によると、啖呵とは「勢い強く歯切れのいいことば。威勢を示したり、人をののしるときに使う」とある。

国民的映画といわれ、四十八本のシリーズ作品となり、多くの観客に支持され続けた山田洋次監督の松竹作品『男はつらいよ』で、渥美清が演じる寅さんこと車寅次郎が語る口上のように、客に対して、よどみなくなめらかな楽しい口調で語りかけ、アピールして品物を商うことである。

『日本語は京の秋空』（金田一春彦著）には「『東海道中膝栗毛』に出てくる大阪淀川の『食らわんか舟』の船頭は、お客にむかって天下御免の悪口を言いつつ、飯食物を売るのが名物だった。夜店のバナナの叩き売りの口上に、多少この面影が残っている」と紹介されているが、啖呵売の瀬戸物売りやガマの油売りなどは一九七〇年ごろまで各地の縁日や人出の多い場所で見かけられた。

　しかし、コンビニエンス・ストアや自動販売機の普及と歩調を合わせるように、その姿を見る機会は少なくなった。

　彼らのユーモアに満ちた話芸と、商品を巧みに捌く技に魅せられて、見物する人の輪ができたものである。買う気のない通りすがりの人たちの足を止めさせ、関心を募らせて財布の紐をゆるめさせる。その心意気と技術を町の商店街の若手店主に伝えたい、同時に、九州にはどのような啖呵売があって、どんなキャラクターの人物が、どのような口上を駆使して商っているのかを確認したい、との強い願望が筆者にあった。

　この主旨を地元・北九州市門司区栄町商店街の役員に説明し、賛同を得て一九八六年七月十九日、同商店街のイベントとして「啖呵売《たんかばい》フェスティバル・九州の寅さん大集合」のタイトルで啖呵売のイベントが実施された。

　参加者は、のこぎり売り・弥吉一夫（福岡県久留米市）、地球ごま*売り・宮崎隆生（長崎県佐世保市）、バナナの競り売り・北園忠治（佐賀県鹿島市）、十徳ナイフ**売り・谷口和義（熊本県八代市）、紙芝居・大西広幸（福岡県田川市）の五名であった。

＊地球ごま……十文字に組み合わされた二つの金属の輪の内側で精巧に作られた円盤が勢いよく回

り、指先やペンの先、さらに綱渡りもする。一九二〇年、名古屋在住の加藤朝次郎が発明したコマで、遊びながら物理学の法則が学べて、子どもや親にも人気が高かった。
＊＊十徳ナイフ……一つのナイフに缶切り、ビンの栓抜き、千枚通し、ガラスカッターなど十種類の使用目的別の刃物が付いている。

幸運なことに、この催事はＨＮＫ北九州放送局で三十分のテレビ番組として制作されることが決定し、番組のメイン・ゲストとして、文化庁の一九八二年度芸術大賞受賞者で大道芸の第一人者として知られる坂野比呂志が特別参加した。

マスコミ各社に採りあげられたことも重なって、催事に関心をもつ人たちで近年にない人出となり、街は大いに賑わい、出演者たちが露天商として長年鍛え磨き続けてきた絶妙の語り口と、道行く人を引きつける実演販売の様子は、商店主や従業員にとって学ぶべきことが多かった。

殊に、閉店後の午後八時から商店街青年部を対象にして開催した対面販売の講習会は、講師を買って出た坂野比呂志の洒落と風刺に溢れた指導とアドバイスに、多くの示唆やヒントが含まれていて、受講者にとって意義深いものとなった。

一連の様子は、『バナナの港に口上《たんか》が響く』のタイトルが付けられて、ＮＨＫ北九州放送局で三十分のテレビ番組として制作され、八月五日午後七時三十分のゴールデン・タイムに放送された。後日、担当ディレクターから高視聴率をあげたとの嬉しい知らせを受けた。

気が合ったのか、このため北九州入りした坂野比呂志は、なぜか筆者宅の雰囲気を好

啖呵売フェスティバルのＰＲチラシ
（1986年，栄町商店街青年部作）

み、帰京するまでの三日間、録画どりで外出する時間以外は家から出ようとしなかった。体調がベストではないことを事前に知らされていて健康状態が案じられたが、緑茶と和菓子を前にして、六十余年にわたる芸能生活の体験談や、大道芸、物売りの口上について興味深い話を長時間語ってくれた。

そんな話の中から、全国各地で活躍しているバナナの叩き売りの人たちに呼びかけ、「バナナの叩き売り全国大会」を実施して、その様子や口上の相違点、特徴など比較しよう、との約束が成立した。

早速、地元門司港の保存会に席を置いていた筆者の中学時代の学友を通じて企画主旨を知らせ、同会に協力要請したが、資金を出してまで参加、協力はできない、との返事であった。

同時に、北九州市門司区田野浦海岸の関門九州青果センター協同組合に出向いて事務局長小林弘に主旨と経緯を説明し、バナナの提供と協力を要請した。

小林弘は、出先機関として可能な限りの協力を快諾し、日本バナナ輸入組合の承諾、許可が必要なため、直接交渉するようにとのアドバイスを受けた。

一九八七年二月九日、東京都千代田区平河町の日本バナナ輸入組合専務理事山崎金一を訪ね、主旨と経過説明をした結果、全面的な協力を得られることが正式に決定した。しかし、過去に前例のない催事であったため、果たしてどんな結果に終わるのか、関係業者の間には失敗を予想した不安が迷いめぐる企画であった、と後に知らされた。

素人の悲しさで、筆者はこの時点では、バナナさえ準備できれば、後は叩き売りの出演者に要する旅費、出演料くらいの経費で済み、自身の財布で賄えると信じ込んでいた。

出演者は人選し交渉の結果、坂野比呂志（東京）、北園忠治（佐賀）、古賀稔（熊本）、山田忠夫（福岡）に決定し、地元北九州からは、まだ売り出し前で、独自に叩き売りの技を磨いていた阿河政治を抜擢した。大衆芸能の芸どころ大阪からの参加に執着し、情報を頼りに上方落語の若手、講談家の若手で叩き売りの経験者三名に再三出演依頼を行ったが、残念ながら実現できなかった。結局、この交渉の過程で面倒をかけたチンドン通信社の林幸次郎、真理子に特別参加の形で出演を依頼し、当時は珍しかった若手のチンドン屋として大会当日のＰＲを要請した。

開催日は一九八七年三月十四日土曜日と決定。幸いなことに当時放送されていたＲＫＢ毎日放送のテレビ番組「愛らんど九州二十二時」（毎週火曜日午後十時〜十時五十四分）で五十四分間の番組として制作されることとなり、出演者は大いに張り切って大会当日に備えた。

こうして徐々に催事の内容が固まるにつれて、提供されるバナナの数量は二百ケース（約二・五トン）に加え、紅茶色の「モラド」、扇形をした「リンキット」など、普段目にしたことのない珍しいバナナ十五種類や全房二十本と決められた。

当日、初めて見たバナナの全房を、マスコミは「バナナがいく重にも重なった原木」と報じ、そのときの見物客の新鮮な驚きは今も語り草となっている。

開催日が近づくにつれて、出先機関の小林弘との打ち合わせが頻繁になり、その過程で彼は「国鉄（現・JR）門司港駅に全房を吊り下げて、バナナのカーテンを作り乗降客を迎えたい」と提案した。

この興味深い提言を門司港駅に伝えると賛同を得、フォークリフトを使って大人の背丈ほどもある全房二十本が吊り下げられた。

こうして全国大会は三月十四日正午から予定どおりに開催。朝から遠来の見物客が押し寄せて大変な盛り上がりとなり、用意した二・五トンのバナナは夕刻までに売り尽くされた。

構内に設置したテーブル上に並べた珍しい十五種類のバナナの前にも人垣ができて、

指で触ったり、顔を近付けて匂いを嗅いだりしている姿がいつまでも続いた。

五人の出演者は、それぞれの持ち味を存分に発揮して見物客を楽しませ、古賀稔（熊本）は売れた品を相方《あいかた》から客に渡すために、バナナを相方に向かって投げ渡す、という派手な手法で大受けした。

出演者の中で最も経歴の長い北園忠治（佐賀）は、半世紀に及ぶ体験が自然に滲み出て、どちらかと言えば静かな風情で、次々にバナナを売っていく。山田忠夫（福岡）には特に個性的なものは感じられなかったが、叩き売りが好きで舞台に立っている、とい

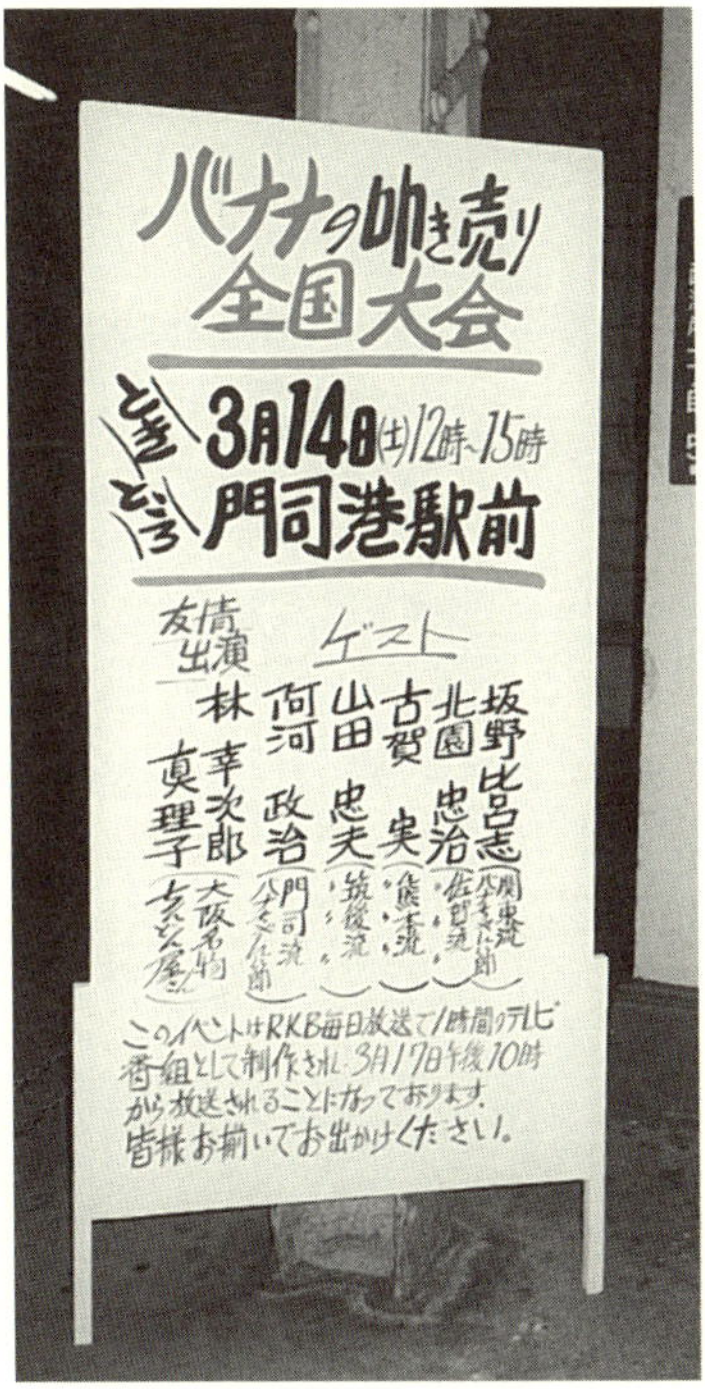

ＪＲ九州門司港駅前に置かれた案内看板（1987年）

バナナの叩き売り全国大会で，ＪＲ九州門司港駅改
札口に吊るされたバナナの全房（1987年３月14日）

う様子であった。地元の代表選手阿河政治はこのときが本格的な初舞台で、力の入った仕種で、井川忠義が生前に語っていた口上の再現に努めた。

　現在、叩き売りの分野でも活躍している日野雄二は、このとき初めて阿河の相方を務め、これが契機となって現在に至っている。

　驚いたのは、坂野比呂志（東京）が演じたときのことである。洗練された芸で、べらんめえ調の鮮やかな口跡に加え、全身から発する男の艶。浅草を拠点にして作りあげた彼の叩き売りが始まると、それまで演者の間近であった見物客の輪が次第に後ずさりした。

　取材のテレビカメラが並んでいるのも忘れて、筆者は「皆さん、もっと近くに寄ってください」と叫んだが、効果はなかった。終了後、後ずさりした理由を数人の見物客に尋ねると、「だって、何だか叱られているみたいですよ」と異口同音の答えが返ってきた。昔から地方に住む人の間でよく交わされた「東京弁には刺《とげ》があって、しかも冷たい」という話を実感した出来事であった。

　夕食の折、坂野比呂志にこの一件を伝えると、「俺の芸からべらんめえが消えると、ワサビ抜きの江戸前のすしのようで、話しにならねえや」と大笑いした。

　このとき初めて身近に坂野比呂志の芸風、口上に接し、その芸に圧倒された阿河政治は、坂野の魅力にとりつかれ、以来、井川忠義が復活させた門司港の叩き売りの口上、仕種から離れて、坂野比呂志に代表される俗に関東流と呼ばれている口上、仕種に傾倒していった。

　その可否、良し悪しは議論の分かれるところだが、以後、阿河政治の影響を強く受けた人たちによって、現在の門司港のバナナの叩き売りの口上、仕種は、東京浅草のそれに近いものとなっている。

　孤軍奮闘に終始したこの催事は、ＲＫＢ毎日放送のテレビ番組『愛らんど九州二十二時――絶好調！　バナちゃん節名人合戦』とのタイトルが付けられて、一九八七年三月十七日、午後十時から五十四分間にわたって放送され、好評を得た。

　それを裏付けるように、同年五月六日付で福岡市博物館事務局長武井重雄より「ＲＫＢ毎日放送(株)制作番組の複製作成について」の標題で、複製活用の依頼文書が届いた。文面の「貴台が関与されましたＲＫＢ毎日放送(株)制作の『絶好調！　バナちゃん節名人合戦』は福岡の今日の文化を考える上でたいへん貴重な資料と思われます。つきましては当番組を本市博物館の映像資料として、複製活用させていただきたく、ここにお願

バナナの叩売き売り全国大会で熱演する坂野比呂志（1987年３月14日，門司港駅）

ＲＫＢ毎日放送制作テレビ番組『絶好調！ バナちゃん節名人合戦』での鼎談風景。左より，著者，林幸次郎，坂野比呂志（1987年３月17日午後10時放送）

い申し上げる次第です」を読み終えて、思わず「これで思い残すことはない」とつぶやき、家族に一笑された。願ってもないことで承諾書を直ちに返送した。

ＬＰレコード『ザ・バナちゃん節』製作

前述したゼムレーが、腐る寸前のバナナをどのように商ったのか。あれこれと勝手な想像をめぐらせていた。

彼が、仮に、日本で見られるように、口上を語って叩き売りをやればどんなものになるのか。英語によるバナちゃん節を聞いてみたい、という思いが募っていった。想像はさらに広がって、〝語る観光パンフレット〟として地元のＰＲに活用できるし、商品名を巧みに組み込んで口上を作れば企業ＰＲにもなると考えた。井川の名調子が一九八〇年にＳＰレコードとして初めて製作され、その後絶版となり、カセットテープなどによる製作を望む声が聞かれていた一九八八年、筆者はこれらを集約してＬＰレコードを製作することにした。

まず北九州市役所観光課（当時）に企画の主旨、意図を説明した結果、同課の職員大川博巳、愛甲秀則の協力が得られることとなった。口上の内容は、北九州市の名所・旧跡を折り込んで観光PRをめざすものとし、作文を一任した。

言い古されたことだが、言葉は生きている。時代の要請にしたがって変化するのは当然のことで、現代の若者が作るバナちゃん節の口上とはどのようなものか、そして、これをどんな仕種で語るのだろうか、と発想をふくらませて、市立北九州大学にも協力を要請した。仕上がりは学園祭で披露したいという思いも強かった。

幸い、同大学法学部久塚純一助教授（当時）がこの企画に大いに関心を示され、久塚ゼミナールの学生に働きかけ、女子学生二人を含む八人が参加することに決まった。当世学生気質や学園生活の哀歓を表わす口上を期待して、出来上がりが楽しみであった。

世界で初めてバナナの安売りを行ったゼムレーが、仮に、日本でみられるような啖呵売によって客寄せをしたのであれば、どんな様子であったのだろうか。バナちゃん節を英語で語る姿を、渥美清が演じた寅さんのイメージにダブらせて思い浮かべてみた。

想像が膨らみ、是非この機会に英語版を実現したいと考え、知人の北九州市職員に相談をもちかけた。知人の尽力によって、同市が中学校の英語指導助手として招聘《しょうへい》していたティモシー・J・クロスの協力が得られることとなり、打ち合わせが進むうちに、北九州とは古くから交流の深い国である中国版も加えてみては、という当初は思いもよらなかった提案を受け、喜んで中国語版も取り入れることに決めた。参加いただいたのは季銘才（当時・廣東工學院機械工程系講師）と魏天胜（当時・鞍山鋼鉄公司鋼鉄研究所工程師）であった。

企業に関するものは、一九八七年に開催した全国大会の会場となったのが縁で結成されたＪＲ九州旅客鉄道㈱門司港駅のバナちゃん節同好会のメンバーの中から、浦野泰弘（当時・輸送主任）、大草一夫（当時・営業係）が参加した。郵便局も年賀はがきや暑中はがきの販売時などのイベントとして利用できると考え、門司港郵便局に働きかけた結果、栗山憲司（当時・郵便課主事）、永吉豊（当時・清見郵便局長）によって収録することとなった。

作業が進むに従って、企業の所在地が門司港に片寄ることに不満が募り、以前、映画資料展を開催した折に会場として使用した日本たばこ産業小倉たばこサービスセンターに参加を要請し、同社の三角賢一が加わることとなった。

さらに知人の山口幸太郎に呼びかけ、北九州高速鉄道㈱版も収録することが決定。同僚の白石巖（当時・営業課）とともに参加し、口上の作文も二人の共作にした。これ以外三社の口上の作文は筆者に委ねられ、ＪＲ九州版は駅名を折り込んだ道行き文で構成し、郵便局版は「かもめーる版」と名付けて、貯金、エコーはがき、ふるさと小包など商品名をからませてホームドラマ的なものに仕上げた。

小倉たばこサービスセンターのものは、福岡県春日市に住む甥の八野誠司が福岡大学附属大濠高等学校のピッチャーとして、一九八四年に春、夏続けて甲子園球場に出場した折、応援に参加した体験を思い浮かべ、商品名を組み込んで口上にし、「紫煙流」とタイトルを付した。

地元門司港からは、井川亡きあと彼の芸を受け継いで活動していた中山宗保が収録に臨んだ。

こうして一枚のＬＰレコードに収まる時間の範囲内で出演者が出揃い、プレスする数は五百枚と決めて、製作を東芝ＥＭＩに依頼することにした。ローカルの業者に発注すればかなり出費は節約できるが、メジャー・レーベルから出して、バナナの叩き売りを全国区に押し上げたいという思いが強かった。加えて、大手の製作会社に委ねて完成度を高めたいという願望もあった。

電話で主旨を説明した数日後、担当の星山孝二（当時・開発グループ課長）の来訪を受け、これまでの経過を説明し、製作数はわずか五百枚で、販売価格はその当時の一般的なLPレコード価格二三〇〇円を予定していることを伝え、製作の可能性について尋ねた。

星山は、LPレコードでは時代のニーズに合わない、利用者の立場を考えてカセットテープによる製作に変更すべきではないか、と提案した。まだCDが普及していなかった時代のことで、現在であればCD製作を勧めたであろう。さらに、費用面で採算を度外視しなければできないこと、レコード・プレスの元となるマスター・テープを、設備の整った録音スタジオで収録する必要があることなど必要事項を説いた。

発注側としては、初めから道楽として取り組んだもので、出費は覚悟の上であり、収録する九団体の口上文を添付するためカセットテープでの製作になると、これを小冊子として別に作ることになり、費用が嵩むのを考慮した事情を説明した。

もう一つの理由は、レコード・ジャケットをバナナ運搬用として使用されているバナナ・カートン（段ボール箱）と同質の段ボールで作りたいという強い願望があることも伝えた。

その後すぐにスタジオの検討にとりかかり、問い合わせた結果、参加九団体を対象とした収録には、機材やマイクの調整などに要する時間を含めると二日間の借り上げが必要である、という返事であった。添付されていた見積もり金額では、当初予定していた予算をはるかに超える出費となり、計画は実現できそうにない状況となった。

二十二名の参加者に中止をどう伝えるか、自分の非力をどう詫びようか、と悩みながら時が過ぎていった。

この時期、筆者はＮＨＫ北九州放送局が制作する毎週土曜日午後のＦＭローカル番組で、日本映画の映画音楽を紹介、解説するコーナーに参加していた。これに出演のため小倉北区大門に在った局で放送終了後、番組担当者に収録スタジオを探している経緯と胸の内を話し、安価で適当なスタジオを知っていれば紹介してほしい、と依頼した。

心当たりをあたってみよう、という言葉に望みをつないで返事を待った。

間もなくして、思いもよらない形で知らせを受けた。「手を尽くしたが要望に応じられるような安価な貸しスタジオは見当たらなかった。そこで、この件を上司に話したところ、これは郷土の民俗芸能の伝承、地元の街おこしにも役立つもので、ＮＨＫ北九州放送局も協力しよう。ついては、局のスタジオが空いている日の数時間を使って、九団体を一度にまとめて収録してはどうか、ということだが検討してほしい」ということであった。

受話器から聞こえてくる内容に我が耳を疑い、再度聞き返したが変わりはなかった。もとより検討の余地などあろうはずもなく「願ってもないことで、是非お願いします。」指定日に参加者を集めます。もしも勤務などの都合で来られない者には、縁がなかったこととして除外する旨、承諾を得ます」と即答して感謝の気持ちを伝えた。受話器を置いた後、手のひらが汗でびっしょり濡れていて、人間には感激のため流す汗もあることを知った。

その後、収録日は五月二十四日と決まり、参加者それぞれに経緯を説明して了承を得た。幸い不参加はなく、厚意によって用意されたＮＨＫ北九州放送局第一スタジオに予定どおり全員が顔を揃えた。

どの人も、生まれて初めて経験するレコーディングの雰囲気にのまれて、極度に緊張していたが、筆者のアドバイスに従って収録が始まった。人の気配のない広いスタジオで、口上を述べても客の反応のようなものがあるはずもなく、無機質な状況の中で困惑しながらも一生懸命に口上を語る姿に、素人の純粋な気持ちが充分に現れていた。

お世辞にも練り上げられた芸とは言えないが、その様子がそのまま郷土愛、愛社精神

マスター・テープ収録後の記念写真。熱演した北九州大学の皆さんと（1988年５月24日，ＮＨＫ北九州放送局第一スタジオ）

となって表現されているように感じられ、企画意図に沿う仕上がりになった。

翌日、東芝ＥＭＩ福岡支社の星山にマスター・テープが完成したことを伝え、近日中に受け取りに行く、との返事で彼が来るのを待ちわびて一週間が経過した。

個人の気儘な道楽で、支払いに不安を感じているのではないかと考え、改めて連絡をとり、早く作業を進めたいので見積書を受け取り次第経費は前金で支払う、と念を押した。

星山は恐縮しながら、例年になく多忙なため遅くなったが、スケジュールを調整して近いうちに伺う、と答えたが、その後も姿を見せなかった。心配になって、再度、資料はこちらから持参する、と電話を入れると、大変遅くなったが何とか都合をつけて、今日の午後出向く、との返事で約束どおりに来訪を受けた。

テーブルにつくなり、彼は苦渋に満ちた表情を滲ませて「実は、本社がこの企画に難色を示している。理由はバナナの叩き売りの口上は卑猥な文句が多く、大変下品なものと理解している。このようなものを製作すると会社のイメージを損ねることになる。従って、折角だがこの企画はお断りするように、という次第です。これをどのようにお伝えすればいいか、なかなか言いだせなくて、つい足が遠くなり、申し訳ない」と返事の遅れた事情を説明した。聞き終えて愕然としたが、広く知られている従来の口上を冷静に思い浮かべて、納得のいく説明であった。

しかし、「今回のものは本社で心配しているような内容ではない。それは、ＮＨＫ北九州放送局の厚意、協力によってマスター・テープが作られたことでも明らかだ、と担当者に伝えてほしい。それでもなお、製作できないと言うのであれば無理にお願いはしない。可否についての結果を待っている」と理解を求めた。星山は、「もう一度本社にその旨伝える」と答えて帰ったが、返事は早かった。

「早速本社に説明して、製作することに決定した。直ちに作業を進めるが、ついては住民票を添付した契約書を交わしたい」と明るく弾んだ声の連絡を受けた。

彼の長年の業務の中で、音楽以外の特殊な、しかも個人によるレコード製作依頼は初めての経験ということで、当初から思い入れが強く、我がことのように対処していた経緯があり、心から喜んでいる様子であった。

難産であったが、東芝ＥＭＩレコードナンバーＦＬ－６０５７は、『ザ・バナちゃん節　バナちゃん節同好会大全集』と名付けた五百枚のＬＰレコードとなって、一九八八年七月二十七日に誕生した。レコード・ジャケットは、希望していた材質が通常の規格

ＬＰレコードのジャケット（ＲＩＥさんの作品）

品と極端に異なるため製品化は無理である、という理由で実現しなかった。

ジャケットのデザインは、知人の紹介があり、初対面であったR嬢に依頼した。作品は東芝ＥＭＩ福岡支店の担当者も驚くほど見事なもので、販売を委託した各レコード店でも好評であった。製品化にあたって、記念としてジャケットに名前を記載させていただきたいと再三頼んだが、彼女は固辞されてＲＩＥのサインのみが記された。

取り組み開始から完成までに要した経費は一四八万五六七〇円と膨らんだが、定価二三〇〇円で北九州各地のレコード店数店に並び、マスコミに紹介されたこともあって二カ月足らずで完売した。

収録した口上の中から、北九州観光版、北九州大学版、小倉たばこサービスセンター版（紫煙流）を参考までに記載する。

北九州観光流バナちゃん節

さぁさぁはじまる迷調子
どなた様もごめんなさい

——
生まれは市役所観光課
私の父《とう》ちゃん末吉さん

ここらで観光コマーシャル
観光バナちゃん聞いとくれ
さあ買うた　さあ買うた
北九バナちゃん買うとくれ

こころ門司門司門司みなと
バナちゃん第二の古里よ
かもめ飛びかう海峡を
愛と涙が渦を巻く
泳いで渡ろか思案中
どうせ行くならトンネルか
船で行こうか下関
行って戻りは関門橋
平和のパゴダにノーフォーク
港の祭りに腕組んで

海峡花火に恋の灯が
想いを込めて打ち上げる
ロマンチックな門司港駅舎
終着駅で始発駅
ここが九州玄関よ
河豚ちり河豚さし福の神
さあ買うた　さあ買うた
門司のバナちゃん買うとくれ

小倉生まれは無法松
口も荒いが気も荒い
心は控えめ純情で
吉岡婦人に想いを寄せる
祭りの太鼓でヤッサヤレ
雨が降らなきゃ金がふる

明治の文豪森鷗外
乃木大将も住んだ街
平尾台に登ったら
羊もバナちゃん食べている
メイズにプールにモノレール
竹の子林がそびえ立つ
タコマ通りにゃ花時計
貴方《あなた》と行きたい藍ノ島
今日のおかずは旦過の市場
お手々つないで銀天街
ネオンきらきら堺町
明日《あした》行くより紺屋町
ホッとひと息紫の
川に映るは小倉城
お城の殿様小笠原

バナちゃん食べたと誰言うた
さあ買うた　さあ買うた
小倉のバナちゃん買うとくれ

三分旅情を楽しんで
着いた所は若松港《こう》
五平太ばやしが聞こえたら
火まつりカッパも踊りだす
サーフィンヨットの若者に
怒濤渦巻く北海岸
中国からの贈りもの
大北亭に夕日が映える
動物ランドのポニーちゃん
バナちゃん抱えた親子づれ
海岸通りを闊歩する

久岐の浜にはニュータウン
高塔山から洞海湾
葦平歩いた散歩道
花と龍なら金五郎
どてら婆さん思い出す
さあ買うた　さあ買うた
若松バナナちゃん買うとくれ

八幡の街に活性化
スペースワールド建ったなら
修学旅行に観光に
ワンサと来る来るお客さん
帆柱皿倉ケーブルカー
ダイヤの夜景にうっとりと
鉄の彫刻キングさん

燃える炎は熔鉱炉
絢爛豪華な黒崎祇園
誰れにも負けぬ男意気
大名行列宿場町
長崎街道ひとまたぎ
畑の観音手を合わせ
バナちゃん藤見てひと休み
曲里の松には花尾城
折尾の駅にはかしわ飯
河内の桜に花見酒
白鳥水辺で恋遊び
さあ買うた　さあ買うた
八幡のバナナちゃん買うとくれ

美術芸術文化の戸畑

皆さん揃っていらっしゃい
北斎広重東山《ひがしやま》
ドガにピカソにセザンヌいかが
迎賓館なら松本邸
明治の浪漫《ろまん》が甦《よみがえ》る
金比羅山から眺むれば
池のボートにスポーツマン
夜宮の菖蒲に心をうたれ
一句詠もうか切々と
太古のロマンは桂化木
菅原道真神だのみ
光が踊るピラミッド
提灯祇園は日本一

さあ買うた　さあ買うた
戸畑のバナちゃん買うとくれ

ぐるりまわった北九州
バナちゃん売り切れ店じまい
ちょいとお名残《なごり》おしいけど
これにてさよなら致します
あなたに会いに北九州
バナちゃん買いに北九州
ありがとさんありがとさん
観光バナちゃん　ありがとさん

作・口上＝愛甲秀則・大川博巳

北九大（北九州大学）バナちゃん節

ホラホラ聞かんね始まるバイ
今から何が始まるト
そおーら小倉にただ一つ
おいらが北九大学バイ
そこで生まれたバナちゃんの
人生劇場聞いとくれ
小倉駅から徒歩五分
目指すところはモノレール
これに十分乗ったなら
着いたところは競馬場
場所で言うなら北方の
東は大きな自衛隊

西には広い競馬場
馬とラッパのど真ん中
紫川の流れ見て
足立山のそのたもと
質実剛健いきすぎて
金なし暇なし女なし
一皮むけば優《すぐ》れ者
門司のバナちゃんとよか勝負

広い世界のその中に
きらり輝く北九大
バナナの皮をむくように

我らの皮をむいてみよ
ここに学ぶは四千の
メニューは全部で四学部
六法全書じゃないけれど
憲法民法刑法と
森鷗外の居た街で
文学読み書きチーパッパ
商売人じゃないけれど
そろばん電卓チーパッパ

留学生も居《お》りまして
日本語だけじゃありません
もう一つおまけに大学院
忘れちゃ駄目だよ二部講義
地域に開くは講座もの

名物教授も居りまして
台湾生まれのバナちゃんは
甘くて美味《おい》しいものばかり
甘いは民法の先生か
先生いろいろ居るけれど
飲んべや歌好き女好き
うちの学生も皆楽し

春の主役は新入生
苦しい受験をのり越えて
桜の花の咲く中で
今日はうれしい入学よ
どんなサークル入ろかな
ついでにバナちゃんも入れとくれ
今日は楽しいコンパの日

わざわざ服まで買い込んで
気合を入れて臨《のぞ》みます
いい娘《こ》が居れば目をつけて
電話番号聞きましょか
相手は花の女子大生
フルーツ短大二年生
一番左の可愛《かわい》娘《こ》ちゃん
服は黄色で色白で
スリムなボディがたまらない
その娘《こ》の名前はバナナちゃんよ
オレンジちゃんもいいけれど
おいらはバナナちゃんに決めました
コンパの日から五日目に
デートに誘ってラッキーチャチャチャチャ
ウー

今じゃバナナちゃんが彼女です
夏はバイトに勤《いそ》しんで
学生だけしか味わえぬ
社会体験してみよか
だけどたまにはハメ外《はず》し
海へ山へと遊ぶけど
そこは大目に見て頂戴
俺達ゃ楽しい北九大
受験戦争のり越えて
やって来ましたパラダイス
親の仕送りジャンで擦《す》り
バイトの金はパチで消え
今夜の晩飯どうしよう

腹を空かせて月みれば
三日月《みかづき》バナちゃんに見えてくる
バナちゃん食べたきゃ北九大
学生食堂の定食で
巡り会ったがバナちゃんに
お久しぶりねと声かける
こんな侘《わび》しい私《わたくし》に
お皿の中のバナちゃんも
ニコリとおいらに微笑んだ
そんなバナちゃんに惚れました

ついに来ました試験です
年に二回の地獄です
授業に出てればいいけれど
出てない私はピンチです

問題見てもわからない
悩んで悩んで書いたのは
美味《おい》しいバナちゃんの食べかただ
成績表を見てみれば
あれまあAが付いている
真面目にやってた友達は
そんなバナナと言いました
バナちゃん私の参考書
さあさ皆さんご一緒に
バナちゃんで成績上げましょう

試験が終われば思い出を
作るチャンスの大学祭
市中パレード大賑わい
一週間のお祭りだ

冬は一年締めくくり
心も身体《からだ》も引き締めて
最後の試験にチャレンジだ
これで一年終わるけど
これが全てじゃありません
地域と大学こりゃどうじゃ
人で言うなら熟年の
バナナで言うなら食べごろの
答案用紙は真っ白け
皮むきゃバナナも真っ白け
そこの坊ちゃん嬢ちゃんも
青春時代の一ページ
おいらと共に楽しもう

作＝市立北九州大学・久塚ゼミ
口上＝水摩泰三・塚崎文絵・久塚純一・野本真吾・日高敏彦・宮本賢介・中村邦治・松雪奈美・田中仁志

紫煙流（小倉たばこサービスセンター）バナちゃん節

小倉の皆さん今日は
ゴールデンバットじゃないけれど
裏も表もキンキラキン
健康食のバナナちゃんを

南の国から日本まで
運んでくれた親切な
バナナボートの船長の
息子自慢を聞かせましょう
留守をあずかる飛鳥君
高校野球のエースです
しかも大事な四番打者
チェリーの花咲く春弥生
晴れて郷土の代表で
甲子園にいきました
故郷の山の峰々に
こだまするよな大声援
受けてわかばの晴れ姿
セブンスターじゃないけれど
ラッキーセブンにホームラン

ダイヤモンドをマールボロ
夜のテレビの番組の
ハイライトでも再登場
今年のホープとくり返し
ニュースキャスター言ったとさ
白髪まじりの船長さん
くわえたばこでキャビンの中で
ピースのサインのポーズした
息子の写真の晴れ姿
ニコニコしながら見ていたよ
今日の試合も勝ったとさ
私のバナちゃん負けどおし
小倉たばこのサービスだ
さあさあ買ったさあ買った
孝行息子に肖《あやか》って

大勉強の二百円
さあさあ売れた又売れた
ありがとさんありがとさん

（●は商品名）
作＝松永　武　口上＝三角賢一

第三章
バナちゃん節とは何か

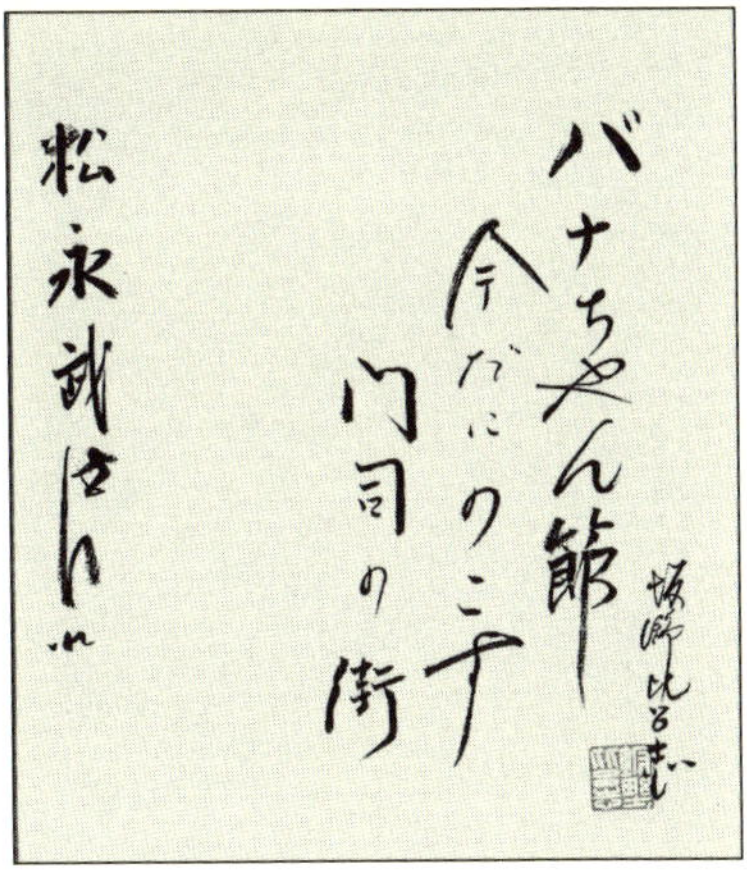

扉写真＝坂野比呂志氏のサイン色紙（一九八六年七月十九日記）

バナちゃん節（A）

春よ三月春雨に
弥生の空に桜散る
奥州仙台伊達公が
なぜにバナちゃんに惚れなんだ
バナちゃんの因縁聞かそうか
生まれは台湾台中の
阿里山麓《ありさんふもと》の片田舎
台湾娘に見染められ
ポッと色気のさすうちに

ひと房ひと房もぎ採られ
国定忠治じゃないけれど
唐丸籠にと詰められて
阿里山麓《ありさんふもと》を後にして
ガタゴトお汽車にゆすられて
着いたところが基隆港《キールンこう》
基隆みなとを船出して
金波銀波の波を越え
海原遠き船の旅

艱難辛苦の暁に
ようやく着いたが門司みなと
門司は九州の大都会
門司のみなとで検査され
一等二等とある中で
私のバナちゃん一等よ
仲仕《なかし》の声も勇ましく
エンヤラドッコイ掛け声で
問屋の室《むろ》にと入れられて
冬はタドンで蒸《うむ》されて
夏は氷で冷やされて
八十何度の高熱《たかねつ》で
黄色くお色気ついたころ
バナナ市場に持ち出され
ひと房なんぼの叩き売り

サァサァ買うた　サァ買うた

こういうバナちゃん六百円
買わなきゃ五九《ごうきゅう》、五八《ごんぱち》か
権八《ごんぱち》ゃ昔の色男
それに惚れたが小紫《こむらさき》
まだ買わんか五八で
五八高けりゃ五五《ごうごう》か
ゴンゴン鳴るのは鎌倉の
鎌倉名物鐘の音《ね》に
金がもの言う浮世なら
奥州仙台伊達公に
なぜに高尾が惚れなんだ
エイ　も一つ負けたか五三か
五十三次東海道

昔しゃ背で越す籠で越す
今は便利な汽車電車

吾市《ごいち》ゃ馬関《ばかん》で腹を切る
五〇《ごうまる》負けて四九《よんきゅう》か
四九《しいきゅう》　子宮は女の良かところ
ここが男の好《す》くところ
ちょっと姉《ねん》さん
あんたに婿さんないならば
私が婿さん世話しょうか
世話するまでのその間
私のバナちゃんどうかいな
四苦八苦《しっくはっく》は縁起なし
お次を負けて四八《よんぱち》か
四八《よんぱち》ゃ久留米の連隊で

いつも戦《いくさ》に勝ちどおし
私のバナちゃん負けどおし
また負けたか四七《よんなな》か
四十七士のお歴々
師走半ばの十四日
吉良の屋敷に討ち入って
見事本懐《ほんかい》遂げたという
こういうバナちゃん買う人は
学生さんなら優等生
末は博士《はかせ》か大臣か
村で言うなら村長さん
青年団なら団長さん
そんなことは請け負われん
これも負けとけ四四《しいしい》か
四はしくじった失敗した

止せばよいのにあの娘《こ》に惚れた
四角四面で豆腐屋の娘《むすめ》
色は白いが水くさい
これでも買わなきゃ三五《さんごう》か
産［惨］で死んだが三島のお仙
お産は女の大厄［役］だ
（註＝後述の理由により「お産」は「惨」に改め、これに伴って「大厄」も「大役」と改訂）
お次は三四《さんし》、三三《さんさん》か
三三九度の盃で
新郎新婦の出来上がり
こんな目出度いことはない
ウンスドンス*の掛け声で
できた子供がこの子です
人は一代名は末代

うちの先祖は犬殺し
親父《おやじ》は墓場の骨せせり
息子は遊廓で穴せせり
帰りの土産に何もろた
淋病梅毒ヨコネ瘡《かさ》
後に残りし蚤虱《のみしらみ》
（＊「ウンスドンス」以下、「蚤虱」までの表現は、現代生活に適合しないので削除すべきである）
世の中どんどん変われども
いつの時代も金次第
だと言うてあんまり金溜《かねた》めな
横浜きっての豪商人
鈴木弁造という人は
人に五万の金貸して

あたら命を取られたよ
人に貸すよな金あれば
好きな酒でも飲むがよい
気に召す芸者も買うがよい
それでもお金が余るなら
こんなバナちゃん買いなされ
ついでに負けとけ二八《にいはち》か
年は二八《にはち》か二九《にいきゅう》か
江戸で言うなら玉川の
京で言うなら賀茂川の
水に晒《さら》せし荒玉の
私のバナちゃん買いなはれ
ヘクソカズラも花盛り
鬼も十八　番茶も出花
一人子持ちにゃ伯父貴《おじき》も惚れる

色は少々黒いけど
味は大和の吊るし柿
ひと皮むけば雪の肌

小《お》野《のの》小《こ》町《まち》じゃあるまいか
照《てる》手《て》姫じゃあるまいか
静御前《しずかごぜん》じゃあるまいか
行基《ぎょうき》菩薩の再来か
裏も表もツンツルテン
ツンツルテンのキンキラキン
爺さん歯抜けで婆さん腰抜けで
こっちの問屋は大間抜け
私のバナちゃん底抜け安い
ソラ買いなはれ買いなはれ
こんなバナちゃん食べたなら

三年五年は長生きよ
長生きせんときゃ腑《ふ》が悪い
サァサァ買うた　サァ買うた
お次のバナちゃんこりゃどうじゃ
円助三助風呂番か
昨夜《ゆうべ》風呂屋で見たような
太うて長ごうしてシャンとして
隣近所の後家泣かせ
そら冗談そら嘘よ
歌の文句じゃないけれど
お医者様でも草津の湯でも
惚れた病は治りゃせぬ
朝も早よから起き出して
氏神様に願かけて

それでも治らぬその時は
裏のはなれでチョンの間《ま》に
好きなお方と添い寝して
貴方上から下がり藤
私しゃ下から百合の花
こんな良いこと梨の花
そこで電気をけしの花
始めあって終わりなし
かあちゃん腰巻き紐でもつ
娘のパンツはゴムでもつ
おやじの褌《ふんどし》紐でもつ
尾張名古屋は城でもつ
城の周りにゃ堀がある
堀の中には蓮の花

蓮には十六の穴がある

男は穴ゆえ苦労する

私も穴ゆえ苦労した

サァサァ買うた　サァ買うた

ここでお手々を叩きましょう

この口上は、井川忠義が記憶にもとづいて、地元の多くの古老に聞き書きしてまとめたものだが、欠落していた箇所を筆者が同様の作業を行って加筆したものである。

以上が現在、地元で多く使われている口上だが、他にもう一つの口上が残っている。時折、この両方を折りまぜて語る場面を見受けることがあるので、レコード盤のA面に対するB面と思考し、ここに採録する。

井川忠義氏が自身の記憶をもとに，地元の古老たちに聞き書きをしてまとめた労作原本（1992年12月７日，美智子夫人の許可を得て撮影）

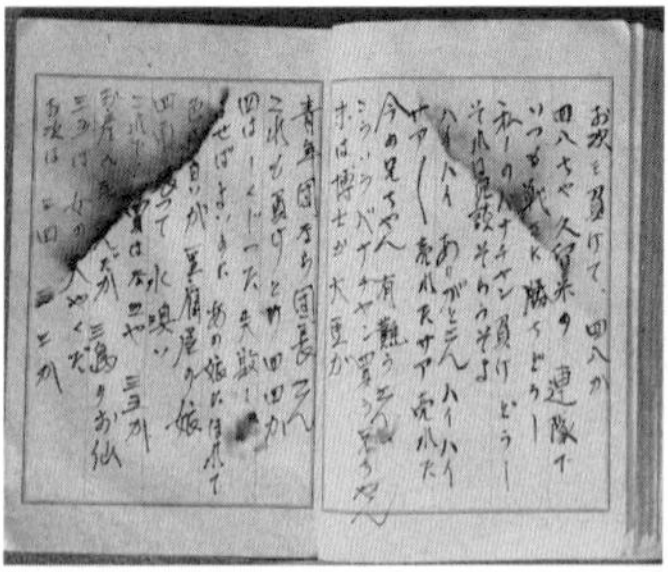

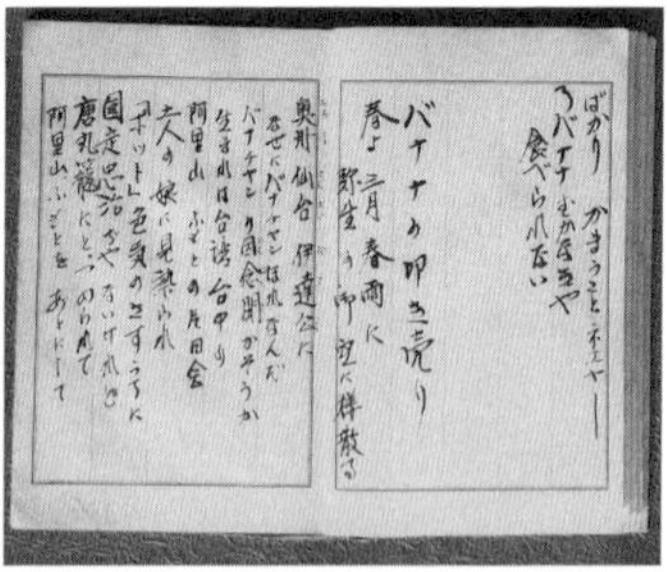

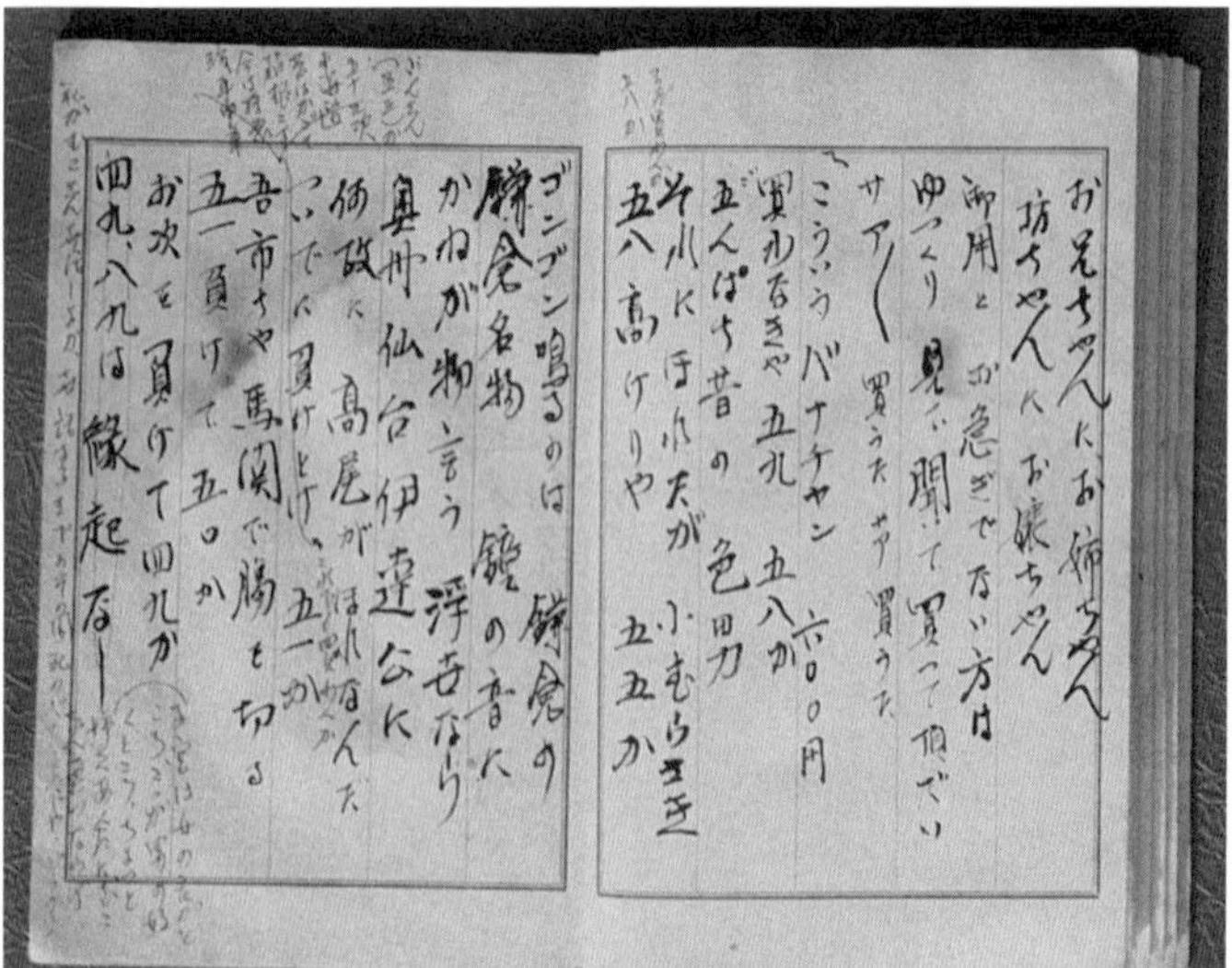

バナちゃん節（B）

サァサァ今から始めましょう
ボツボツお客さん寄り時で
バナナの上等バ（を）見せましょう
見るは法楽《ほうらく》金いらぬ
聞いてお帰りこの文句
決して荷物にゃならないよ

只今からが始まりで
バナちゃんの因縁聞かそうか
生まれたところが台湾で
常夏の島宝来《ほうらい》（台湾の別名「蓬莱」）の
新高山《にいたかやま》のその隣

阿里《あり》山《さん》麓《ふもと》の片田舎
おぼこ娘（原文は「土人の娘」）に育てられ
ポッと色気のさすころに
ひと房ひと房もぎ採られ
唐丸籠《とうまるかご》に詰められて
生まれ故郷を後にして
着いたところが基隆港《キールンこう》
基隆港に来てみれば
あまたの同胞もろ共に
徴兵検査じゃないけれど
輸出検査に合格し
早くもバナちゃん船倉《ふね》の中

積み込み終わりの合図あり
出港知らせるドラが鳴る
続いて悲しい汽笛鳴り
蛍の光の音《ね》と共に
船は港を離れ行く
初めて乗る船広い海
金波銀波の波越えて
玄界灘の荒波も
いつの間にやら通り過ぎ
ようやく着いたが門司港《もじみなと》
門司は九州の大都会
仲仕の声も勇ましく
エンヤラドッコイ掛け声で
問屋の室《むろ》に入れられて
八十何度の高熱《たかねつ》で

夏は氷で冷やされて
冬はタドンで蒸《う》されて
色気つくまで室の中
黄色く色気がついたなら
バナナ市場に持ち出され
ひと房なんぼの叩き売り

今からいよいよ始まりで
ゆっくりそっくり見せましょう

一番最初は顔見せで
特級品の里《さと》バナナ
値段が安くて品《しな》が良か
皮が薄くて実が丸か
パッと開いた五本骨

朝日に輝く軍扇は
那須与一《なすのよいち》の扇的
放った弓矢は誤たず
狙い違《たが》わず命中し
的はヒラヒラ波の上
このバナちゃんもソラ落とせ
落ちた相場が一円か
円助三助風呂番か
安い相場じゃあるけれど
こちらバナちゃん本家なら
そういう高値バ（を）言うじゃない
こんな高値で売るじゃなか
なる勉強は誰もする
ならないところの勉強バ（を）
するのが真《まこと》の勉強なら

坊さん読むのが三部経《さんぶきょう》で
ポクポク叩くが阿呆陀羅《あほだら》経《きょう》
アーメン素麺　キリスト教
悪しきを払って助け給えが天理教
東が東京　西西京《さいきょう》
中の名古屋が中京なら
梅に鶯ホーホケキョ

私のバナちゃん大勉強
勉強勉強でサァまけて
エェもう再々六十か
これが六十言うたなら
夜明けの小便
朝までこらえて筒いっぱい
ズドンと下がった相場だが

そこをまけるが勉強で
トコトンで五八《ごんぱち》か
権八《ごんぱち》昔の色男
それに惚れたが小紫《こむらさき》
ネェ貴方権八さん
生きてこの世で添えぬなら
死んであの世で添いましょと
固い約束鈴ケ森
このバナちゃん五十と五
ゴンゴン鳴るのが鎌倉の
鎌倉名物寺の鐘
その音《おと》数えりゃ五三か
五十三次東海道
一の難所は箱根山
越すに越されぬ大井川

昔しゃ背で越す籠で越す
今じゃ寝て越す汽車電車
世の中開けた昨今は
空にゃ飛行機飛行船
スピード時代となりました
ならばこいつも五〇《ごうまる》か
これ五〇かだん丸（だんまり）か
みかんきんかん酒の燗
海の底には潜水艦
相撲とり裸で風邪ひかん
親の言うこと子は聞かん
鐘が鳴りますキンコンカン
私の言うことトンチンカン
今日はご当地お祭りで
びっくりするよな人の波

早く身請けバ（を）頼みます
トコトンで四八《よんぱち》か
四八《よんぱち》久留米の工兵隊
ころは昭和の六、七年
満州事変の戦いで
廟《びょう》江鎮《こうちん》の花と散る
作江、北川、江下らは
散って花実を咲かせたよ

人は死んだら名を残す
キリンは死んだらビールかな
ライオン死んだら歯みがきか
バナナの私は何残す
バナちゃん売れたら籠残す
買ったお客は何残す

バナちゃん食べて皮残す
ソリャ冗談ソリャ内緒
そんな冗談後にして
またも負けたか四十七
四十七士の益荒男《ますらお》が
ころは元禄十五年
師走半ばの十四日
雪のチラチラ降る夜に
吉良《きら》の屋敷に乱入し（討ち入って）
見事本懐《ほんかい》遂げたという
人は一代名は末代
その名も残る泉岳寺《せんがくじ》
誉れも高い四十と七
トコまけて四三《よんさん》か
四三《しさん》の碁目《ごもく》にゃ止めよがない

四三《よんさん》切られの与三郎が
三十数個の刀傷
おまけに二カ所のヨコネ傷（梅毒）
ならばこいつも四〇《よんまる》か
始終幸せ願いつつ
四ツ信濃の善光寺
四ツ谷赤坂 麹町《こうじまち》
チャラチャラ流れるお茶の水
流れ落ちるは滝の水
このバナちゃんもソラおとせ
特別こいつは三十五
産後は女の大役で
健康回復するために
こういうバナちゃん食べてみて
滋養の王様これにあり

気根の薬がこれですよ
これ一本のカロリーは
卵三個の価値あると
国立病院院長が
今朝のニュースで言うたゲナ（そうな）
こんな上等食べ合って
貴方《あなた》百まで　わしゃ九十九まで
共にシラミの集《たか》るまで
ソラ違った間違った
共に白髪の生えるまで
楽しく仲良く暮らしましょう

ならばこいつも三十か
持って行ってよ二十と五
前の姉《ねえ》ちゃん早かった

早く買うのが当り前
売った私は左り前
今の姉ちゃんありがとさん
貴姉《あなた》に婿さんないならば
私が婿さん世話しよか
世話するまでのその間
こんなバナちゃんどうかいな
今のバナちゃん安かった
売れたケ（から）内緒で言うのだが
安かバッテン（けれども）悪かった
さき実《な》りバナナで皮厚か（い）
剝《む》いて食べたら皮ばかり
同じバナちゃん買うならば
こういう上等持ってって
太くて長くてシャンとして

味は大和のつるし柿
人にたとえて言うたなら
小野小町《おののこまち》か照手姫《てるて》
映画女優でいうたなら
○○じゃなかろうか
○○によく似てる
（○○は当時の映画スター名）
髪は烏の濡れ羽色
額は言わずと知れたこと
三国いちの富士額
目もとパッチリ色白で
鼻すじ通ってオチョボ口
立てばひき臼座ればタライ
歩く姿はガマ蛭《がえる》

ソリャ冗談ソリャ嘘よ
立てば芍薬《しゃくやく》座れば牡丹《ぼたん》
歩く姿は百合の花
思いきって二十銭

サァ売れた　また売れた
股の熟れたは良いバッテン
私の金玉（ムスコ）の宿替えか
裏も表もキンキラキン
頭丸めた河内山《こうちやま》
坊主頭がキンキラキン
このバナちゃんもキンキラキン
焼野《やけの》のキギス（雉）夜の鶴
親の煩悩《ぼんのう》で子が可愛い
可愛い坊やや嬢ちゃんが

家で留守番お待ちなら
今日の土産に買っとくれ
思いきって十五銭
サァ売れた早かった
今のお客さんありがとさん
貴方の親切忘れんバイ
私が国に帰ったら
葉書の礼状出しますよ
住所《ところ》とお名前言うといて
もしも葉書が来んときは
とうとう私もあの世行き
折れた線香の一本も
しおれた花のひと枝も
添えてください頼みます
ありがとさん　ありがとさん

口上の解説

ここで、本書のテーマとした「門司港名物バナナの叩き売り」口上の出典や由来について記述する。

冒頭の《春よ三月春雨に　弥生の空に桜散る　奥州仙台伊達公が　なぜにバナちゃんに惚れなんだ》だが、元来、バナナは夏の果物で、現在のように冷凍技術もなく、流通機構も発達していなかった時代には、四季を通じてバナナを食べるということはなかった。そんなトロピカルなこの果物に春の季語を充てるのは不自然のように思われる。しかも、春、三月、春雨、弥生、桜と五つの季語が重ねられているが、これは次に登場する奥州仙台伊達公と関わっている。伊達公とは、仙台藩主伊達綱宗のことで、端唄《はうた》の「〽奥州仙台陸奥の守、陸奥の御守の若殿は、男がようて金持ちで、それで女が惚れるなら、仙台さんは高尾を殺しゃせぬ」から引用したものである。

綱宗は、当時、江戸吉原で最も有名であった才色兼備の遊女初代高尾太夫を熱愛し、彼女を身請けする。俗説であろうが、高尾太夫の体重と同じ重さの小判を支払った、という。これを譬《たと》えに、仮に寛永（一六二四〜四四年）時代にバナナがあれば、伊達綱宗は珍味に惚れ込んで、金に糸目をつけずに買ったであろう、と美味な果物であることを強調している。

この物語の発端となった吉原は、歌舞伎の舞台でも知られるように、春には桜が見事な花を咲かせる。「花は桜木　人は武士」と言われるように、花の散りぎわの良さを、バナナの売り手の気風《きつぷ》の良さと、買い手の思いきりの良さを煽るための語りになっている。

出だしの季語の重なりの部分は、江戸時代に隆盛した角兵衛獅子《かくべえじし》の口上から引用したものと考える。

越後国月潟村（現・新潟県西蒲原郡月潟村月潟）が発祥の地とされる角兵衛獅子（越後獅子）は、小さな赤い獅子頭を頭に乗せた十二、三歳の子どもが、親方（大人）の打つ太鼓と口上に合わせて、逆立ちやとんぼ返り、肩車などの軽業を披露するもので、その一端は時代劇のワン・シーンで時々見られる。演じられる芸のうち「獅子踊り勇みの技」の中で「（略）春は三月やよいの蝶々が　松にからまる蔦の葉も　御縁ありゃこそからまるね（略）」と語られている。

このように季語をいくつも重ねる言い回しは、江戸時代の大衆芸能の口上として様式化されていたものであろうか。今後も調べを進めたい。

当時、江戸市中や全国各地の寺社の境内、村の家々で門付けを行い、「かわいらしい子どもの獅子」として人気を博し、京都・大坂では越後獅子と呼ばれていたが、時代の変遷とともに、明治時代に児童虐待の首謀者のように見られ、「かわいそうな子どもの芸」として急速に衰退した。

客の笑いを誘いながら、威勢よく語られるバナちゃん節の口上が、どことなく哀調を含んでいるのは、このような出典に影響しているためと思われる。

このようにバナナの叩き売りの口上は、全国各地にある大道芸と呼ばれるものの口上を寄せ集め、これに格言、ことわざ、隠語、スラング（集団語）などを加えて、七五調に構成したものである。

《バナちゃんの因縁聞かそうか　生まれは台湾台中の　阿里《あり》山麓《さんふもと》の片田舎　台湾娘に見染められ　ポッと色気のさすうちに　ひと房ひと房もぎ採られ　国定忠治じゃないけれど　唐丸籠にと詰められて》からは、バナナの道行きが綴られていて、旅する途中の光景と旅情が述べられている。

国定忠治は江戸後期（一八一〇〜五〇年）の博徒《ばくと》で、群馬県佐波郡東村国定の旧家長岡与五左衛門の長男で、若いころから博奕《ばくち》に手を出し、無届の賭場を荒らして金銭を奪った。取締役人の追及を受けて何度も赤城山中に隠れたが、一八五〇（嘉永三）年七月、妾宅《しょうたく》で倒れて中風になり、名主の西野月宇右衛門にかくまわれているところを密告され、捕えられて磔《はりつけ》で処刑された。忠治を題材とする講談、浪曲、映画、演劇は数多く、劇団新国劇の極めつけとして広く知られている。

門司港で叩き売りの実演者たちが唐丸籠を説明する様子をテレビ画面で見かけるが、「唐丸籠とは、時代劇でよく見る罪人を入れる籠」と解説し、聞き手もこれに同調して納得しているが、正しくは、唐丸とは長鳴鶏《ながなきどり》の一種で、この鶏は新潟県原産、国の天然記念物となっている。この鶏を飼育する円筒型の竹籠のことを唐丸籠と称し、罪人の護送用に使用された竹籠がこれに似ていることから、この籠も唐丸籠と言われるようになった。

《阿里山麓《ありさんふもと》を後にして　ガタゴトお汽車にゆすられて　着いたところが基隆港《キールンこう》　基隆みなとを船出して　金波銀波の波を越え　海原遠き船の旅　艱難辛苦の暁に　ようやく着いたが門司みなと　門司は九州の大都会》は、農園で収穫され、台湾のほぼ北端に位置する港湾都市基隆に運ばれた後、海路門司港までの航程が語られている。

「門司は九州の大都会」とあるが、門司市制は一八九九（明治三十二）年四月に施行され、同年八月には門司・下関両市の港が国の開港指定を受けている。因みに門司港は一八八九年、特別輸出港に指定された港である。

陸上の物流に関しては、一八九一年、九州鉄道会社（現・JR九州）本社が博多から門司に移転。大手商社三井物産(株)は一八九九年に門司支店を開設した。

海運業界では、日本郵船(株)が一九〇三年に、大阪商船(株)（現・(株)商船三井）は一九一七年にそれぞれ門司支店を開設している。

金融機関では、中枢となる日本銀行西部支店の下関から門司移転が一八九八年で、これに連動して銀行設立が続き、名実共に日本を代表する港湾都市の一つであった。

《門司のみなとで検査され　一等二等とある中で　私のバナちゃん一等よ》は、バナナの項で記したように、品質を特等品（□印）から三等品（「印）の四段階に選別した様子を語っており、自分の扱っているバナナが上等の品であることを力説している。

《仲仕《なかし》の声も勇ましく　エンヤラドッコイ掛け声で》

荷揚げの機械化が進んでいなかった時代、荷役作業は人の力による手作業が多く、港湾労働者たちが気持ちを合わせて厳しい作業にあたり、「エンヤラドッコイ」の場面は、外連味《けれんみ》たっぷりに表現して客受けを狙い、冒頭部分の山場の一つになっている。

《問屋の室《むろ》にと入れられて　冬はタドンで蒸《う》されて　夏は氷で冷やされて》

輸入手続きを経た青バナナは業者の手に渡り、室と呼ばれるコンクリートで塗られた地下室に入れてガスと氷で成熟させるが、現在は電気による冷暖房装置でこの作業が行われている。業界ではこれを「色づけ」と言う。

昔の大まかな工程は、最初は温めて数時間ごとに室に入り、匂いを嗅いだりバナナを手で触り、その感触で熟れ具合を確かめ、次に氷を入れて冷やす。この熱と氷の調節の具合でバナナの味に大きな差が生じる。従って、調節のタイミングは父子伝来の秘伝とされていた。タドンは温度の微調整のために用いられていた燃料だが、時代とともに死語となった。参考までにタドンとは、石炭の粉をこねて固め、乾かして作った燃料で、元々は木炭の代用品として作られたものである。

《八十何度の高熱《たかねつ》で　黄色くお色気ついたころ》

常識として八十度の温度設定では、バナナを熟成させる以前に火災の原因となる。そこはオーバーな表現を身上とする大道芸のことであり、この温度は華氏によって語られている。
仮に八十度を摂氏に換算すると二十七度くらいとなり、熟成の適温に近くなる。八十は八百の桁違いの数で「うそ八百」という諺にあるように、江戸の町数が多いことを「八百八町」、大坂に橋が多いことから「八百八橋」の例を引用して八十何度と語り、客の意表を突く演出がなされている。
《バナナ市場に持ち出され　ひと房なんぼの叩き売り　サァサァ買うた　サァ買うた
こういうバナちゃん六百円》
いよいよ客との駆け引きによって売買が始まるが、一九七七年に門司港名物バナナの叩き売りを再興させた井川忠義の労作である口上は、貨幣価値の変遷を考慮した単価に作り変えられているが、地元の古老の多くは、元の口上は一円からスタートしたと語る。これを裏づけるように、この後「円助（一円札の擬人名）三助風呂番か」と述べる箇所で一円は登場する。
《買わなきゃ五九《ごうきゅう》、五八《ごんぱち》か　権八《ごんぱち》や昔の色男　それに惚れたが小紫《こむらさき》》
五九〇円、五八〇円と小刻みに値を下げて、白井権八と遊女小紫のラブ・ストーリーを語呂合わせに使っている。白井権八は実説では鳥井藩士で、姓は平井。父親の知人を殺害したり、強盗を働いたり悪事を重ねて一六七九（延宝七）年に捕えられ、江戸鈴ケ森の刑場で処刑された。小紫は『洞房語園異本考異』に「二代目濃むらさきは賊平井権八に逢馴しが」とあり、『吉原大鑑』は、「二代目濃紫の伝」で「この松位は、白井権八がなじみたる遊女にて、めずらしき貞操の女なり。（略）文章といひ、書もつたなからず、その外諸道に通じ、その頃八重梅といふはやり唄は、こむらさきが作なるよし」と記されている。また、『日本史小百科9　遊女』（西山松之助編）に、二人は共に二世を誓ったが、権八は賊として処刑され、小紫は豪夫に身請けされるが、その日に権八の墓前で自害した、とあり、遊女にしては珍しく純情な女性であったようだが、この小紫の死を哀れんで建てられたという権八・小紫「比翼塚」が、東京都目黒区目黒不動尊の仁王門前に現存する。

《まだ買わんか五八で　五八高けりゃ五五《ごうごう》か　ゴンゴン鳴るのは鎌倉の　鎌倉名物鐘の音《ね》に　金がもの言う浮世なら　奥州仙台伊達公に　なぜに高尾が惚れなんだ》

伊達公とは、仙台藩六十二万五千石の藩主伊達（独眼流）政宗の孫綱宗のことで、父忠宗の六男。十九歳のとき、三代目藩主となるが、藩は裕福で実収は百万石を超えたと言われている。

幕府は伊達家の財力減退を狙って、一六五九（万治二）年、江戸での大がかりな土木工事を命じた。青年藩主綱宗は工事の監督に赴き、この折、熱心に吉原通いを重ね、三浦屋の高尾太夫を熱愛する。金には糸目をつけず、高尾の歓心を買うため伽羅の香木で作らせた下駄を履いて通い、大金を浪費したと伝えられている。しかし、高尾は綱宗の意に従わず、隅田川の川端で惨殺されたという。

冒頭で述べたように、綱宗は高尾の体重と同じ重さの小判を支払って身請けし、高尾は仙台で死亡した、という説もある。

このように、語り継がれている多くの「遊女もの」には、売られてきて、苦労を重ねてのし上がり、最期は悲しい結末を迎える、というパターンがあり、このドラマチックなストーリーを、バナナの生産から消費地に至る道行きに重ね合わせて訴え、客にアピールする手法がとられている。

《エイ　も一つ負けたか五三か　五十三次東海道　昔しゃ背で越す籠で越す　今は便利な汽車電車》

ここでも道行きが引用されて、江戸時代、銭《ぜに》を支払って川越し人足と呼ばれた人の肩や輦台《れんだい》に乗り川を渡った様子や籠に揺られて旅したことと、現代の交通機関の変貌を比較している。

《吾市《ごいち》や馬関《ばかん》で腹を切る　五〇《ごうまる》負けて四九《よんきゅう》か　四九《しいきゅう》　子宮は女の良かところ　ここが男の好《す》くところ》

吾市という男が馬関（下関市の旧称）で、見よう見真似で叩き売りをやり、ひと儲けしようとしたが、即席のため多額の赤字を出し、自腹を切って清算したことを揶揄《やゆ》したもので、思いつきで誰にでもできる商売ではない、との戒めが込められており、以後は卑猥な文句が続き、受けを狙っている。

《ちょっと姉さん　あんたに婿さんないならば　私が婿さん世話しょうか　世話するまでのその間　私のバナちゃんどうかいな　四苦八苦《しっくはっく》は縁起なし　お次を負けて四八《よんぱち》か四八《よんぱち》や久留米の連隊で　いつも戦《いくさ》に勝ちどおし　私のバナちゃん負けどおし》

「四八や久留米の連隊で」とは、歩兵第四十八連隊のことで、一八九六年十一月十四日、福岡市城内本丸裏門上に設置されたが、翌年四月に久留米に転営。初代連隊長前田隆礼大佐から第十六代飯塚慶之助大佐まで筋金入りの将校が多く、特に忠誠心の強い部隊として知られており、ビルマ戦線での菊（18D）と竜（56D）は、強兵部隊として名高い。

《また負けたか四七《よんなな》か　四十七士のお歴々　師走半ばの十四日　吉良の屋敷に討ち入って　見事本懐《ほんかい》遂げたという　こういうバナちゃん買う人は　学生さんなら優等生　末は博士《はかせ》か大臣か　村で言うなら村長さん　青年団なら団長さん　そんなことは請け負われん》

いつの時代にも大衆に愛され、支持され続けている「忠臣蔵」を用いて、日本人のもつ判官《はんがん》びいき、つまり弱い者に味方する心情に訴えて売り上げアップを計っている。

《これも負けとけ四四《しいしい》か　四はしくじった失敗した　止せばよいのにあの娘《こ》に惚れた　四角四面で豆腐屋の娘《むすめ》　色は白いが水くさい》

食べ物の色を対比して言い表わした文句で、関西地方に「四角四面で豆腐屋の娘、色は白いが水くさい。色は黒いが味みておくれ、味は大和のつるし柿」があり、関東地方には「色は黒いが浅草のりは、白い御飯《まんま》を抱いて寝る」がある。バナちゃん節は関西地方の文句を二つに分けて使い、後半の部分はバナナの皮と中身の色とを対比した語りになっている。

《これでも買わなきゃ三五《さんごう》か　産で死んだが三島のお仙　お産は女の大厄だ》

これは啖呵売で必ず語られる常套句の一つだが、俳優渥美清の当たり役、寅さんこと車寅次郎も使っている。国民的映画と言われた山田洋次監督の『男はつらいよ』シリーズ第十七作「寅次郎夕焼け小焼け」（松竹作品、一九七六年）のパンフレットに「渥美清の啖呵売」で全文が紹介されているが、「産で死んだが三島のお仙ばかりが女じゃないよ　京都は極楽寺坂の門前で有名な小野小町が（略）」とあり、この話芸はクラウンレコードのＳＰ版（ＣＷ－１５７５）に収められている。

　ところで、三島の住人お仙の出産による不慮の死が、なぜ後世に語り継がれることになったのか。筆者はこの点に強い疑問を持ち続けてきた。民間伝承に値するものは何か。この長年の疑念を払ってくれたのは、静岡県三島市小路町に事務局を置く「伊豆史談会」の機関誌である。一九九七年三月三十一日発行の「伊豆史談」に同人の望月宏充の労作が掲載されており、以下、これを引用する。「（略）郷土史家の原井慈鳳様を訪問した折り、幕末に発行された浄瑠璃本『恋伝授五ツ目　三嶋お仙段』を見せていただき、積年の想いが晴れた様な感動をおぼえた。その後、幸いにも、原本『恋伝授文武陣立《こいでんじゅぶんぶのじんだて》』を手に入れる事も出来、お仙の事が少しづつ、わかって来た。（略）三代歌川豊国描く『三島おせん』が登場する物語の原本は『恋伝授文武陣立』という寛政二年（一七九〇）に出版された七行・九十五納（一九〇頁）の長編の浄瑠璃義太夫本で、座本　竹本徳松

と書かれ、作者は奈川《ながわ》（河）七五三助《しめのすけ》、本編は九段から構成され、お仙が出てくるのはその五段目である。（略）

物語の概要は和田義盛が大江兵部廣元を軍師として、北条時政を滅ぼそうとして青野ケ原に敗れる話に『難波戦記』等を絡ませたもの。（略）原本の五段目は『東路に有と三嶋の宿はずれ、日も早西にかたむきし、軒端に北条駿河の大将時政止宿の立札に従う大軍……』で始まる。物語の舞台は時政止宿のお仙の家、ここで起る出来事、争い、お仙の奮戦、お仙の壮絶な死、左近等の復讐等がドラマチックに描かれている。（略）」

要するに、最愛の夫を思うお仙が多勢を相手に、健気にも奮戦して悲惨な死を遂げる、という構成になっている。従って、「産で死んだが三島のお仙」ではなく、正しくは「惨で死んだが三島のお仙」である。当然次の「お産は女の大厄だ」も「お産は女の大役だ」と改めなければならない。

つまり、前者は、女の一生で命に関わる最も危険なことの譬えであり、後者は、出産は女の最大の任務であり命がけの大仕事、という諺を取り込んでいるからである。この語りは、口伝による伝承のために生じた大きな誤りの一つだが、長年、大衆芸能の世界で広く使われてきた。この際、改訂の必要を提唱する。

《お次は三四《さんし》、三三《さんさん》か　三三九度の盃で　新郎新婦の出来上がり　こんな目出度いことはない（中略）世の中どんどん変われども　いつの時代も金次第　だと言うてあんまり金《かね》溜《た》めな　横浜きっての豪商人　鈴木弁造という人は　人に五万の金貸して　あたら命を取られたよ　人に貸すよな金あれば　好きな酒でも飲むがよい　気に召す芸者も買うがよい　それでもお金が余るなら　こんなバナちゃん買いなされ》

　ここでは時事ネタと呼ばれるものが登場する。鈴木弁造は横浜の外米輸入商で、「ズル弁」の異名があった。一九一九年六月十四日から同年七月九日にかけての「東京日日新聞」によると、農商務省技師農学士山田憲（当時三十歳）に、外米輸入商の指定をめぐり、トラブルの末、野球バットで撲殺された。山田憲は、鈴木弁造の所持金五万円を奪い、死体をバラバラに切断して、トランクに詰め新潟県信濃川に捨てるが、村人によって発見され事件は発覚した。山田憲は逮捕され、同年十二月二日、東京地方裁判所から死刑を言い渡される。判決を不服として控訴するが、一九二〇年五月二十八日、東京控訴院は第一審同様、死刑の判決を言い渡す。因みに、当時の国会議員の年報は三千円、小学校教員の初任給が四十〜五十五円であった（週刊朝日編『値段史年表』）。

　全国を震撼させたこのショッキングな事件を引用し、金への執着はほどほどに、気前よくバナナでも買って頂戴、と呼びかけている。
《ついでに負けとけ二八《にいはち》か　年は二八《にはち》か二九《にいきゅう》か　江戸で言うなら玉川の　京で言うなら賀茂川の　水に晒《さら》せし荒玉の　私のバナちゃん買いなはれ》の「水に晒せし」の部分は、現在まで「水に咲かせしあら玉の」と語り伝えられているが、このような日本語は存在しない。「あら玉」とは、粗玉《あらたま》もしくは荒玉《あらたま》のことで、まだ磨いていない原石のことを言う。正しくは「水に晒せし荒玉の」であり、これは洗練された美人の形容詞である。

この箇所も口伝による聞き違いが、そのまま何の疑問も感じられることなく伝承され、鵜呑みしたまま次代に引き継がれている。

《ヘクソカズラも花盛り　鬼も十八　番茶も出花》

以後、しばらくは女性をターゲットにした口上が続くが、ヘクソカズラ（屁糞葛）は、別名をヤイトバナ、サオトメバナと言い、日本全国の山野で普通に見られる多年生のつる草で、花は八月から九月ごろ咲き、全体に悪臭がある。ひどい悪臭の花でも、花盛りのときには美しい、の譬えで、「鬼も十八　番茶も出花」の番茶とは、二番茶以後の茶葉で製造した等級の低い煎茶のことで、出花は湯を注いで出したばかりのお茶を言う。

番茶でもいれたてのときは美味しい。即ち、不美人でも年頃になれば、それ相応に美しい、と例に引いて説いている。

《一人子持ちにゃ伯父貴《おじき》も惚れる　色は少々黒いけど　味は大和の吊るし柿　ひと皮むけば雪の肌》は、初産《ういざん》後の女性は艶っぽいので身内の者でも惚れぼれすることを指し、「色は少々黒いけど」は、黄色に熟成したバナナの所々に濃い茶色の斑点がある品のことで、見掛けは悪いがこの段階に熟したものが最も甘くて、風味、栄養価も最高であることを力説している。さらに「柿の里」と呼ばれている佐賀県大和町名産の吊るし柿に勝るとも劣らぬ味だと自慢し、中身と皮の色を対比させ、女性の美しい肌に譬えて讃美する。

《小野小町《おののこまち》じゃあるまいか》の小野小町は、日本の美女を代表する一人として知られているが、小町にまつわる伝説は秋田県から熊本県にかけて約百地点に分布すると言われ、その一生は伝説に満ちている。

謡曲に『雨乞小町』、『通小町』など七つあり、たくさんの貴公子の求愛を振り払って優雅な独身生活を続けるが、年月を経て容姿も衰え零落する、というのが粗筋である。

小町が結婚しなかったのは局部に欠損があったためという俗説があり、穴のない針を小町針、略して待針という。この俗説に起因した事例に、山藤章二の対談集『笑いの構造』の中で田辺聖子が「勤め先の金物屋でアルミ製の穴あきの台所用品に、穴のあいていない粗悪品を『コマチ』と称していた」と語っている。また、黒門町の師匠と呼ばれた八代目桂文楽は落語『明烏《あけがらす》』のまくらで、武蔵坊弁慶の女知らずと合わせて「弁慶と小町は馬鹿だなア嬶《かかあ》」の川柳を使っている。

このようにバナナの叩き売りの口上には、直接・間接に性に関する表現が多用されていて、作者の強《したた》かさと博識に敬服する。

《照手姫《てるて》じゃあるまいか》

照手姫は説経節など民間伝承に登場し、小栗判官《おぐりはんがん》との哀話で知られている。一説では、相模・武蔵両国の豪族横山氏の一人娘照手姫が絶世の美人と聞いた小栗判官は、横山一族の承諾を得ないまま照手姫と契りを結ぶ。これを知った横山は激怒して彼を毒殺。さらに、照手の抹殺も計るが、家従の気転で難を逃れ、人買の手に渡って照手は諸国を転々とする。死んだ小栗は餓鬼身として蘇生し、土車に乗せられ人々の慈悲で熊野に運ばれ、湯の峰の湯を浴び元どおりの身体に復活した。途次で事情を知らない照手もこの車を引くが、これが縁となって小栗と再会し横山への復讐を果たす。これが一般的に知られたストーリーの概要である。

《静御前《しずかごぜん》じゃあるまいか》

静御前は平安末期の京都の白拍子《しらびょうし》（遊女）で、生没年は不詳。母親は磯禅師だが、父親は不明。源義経の愛妾で、一一八五（文治元）年、義経が兄頼朝と不仲になって京都に逃れたとき、義経に従い吉野山で捕えられた。頼朝の妻北条政子は、静が舞の名手であることを知り、鶴岡八幡の神前で舞わせる。このとき義経への恋慕の思いを歌った「吉野山峰の白雪ふみ分けて入りにし人の跡ぞ恋しき」が『吾妻鏡』に記されている。やがて静は男児を出産するが、頼朝は鎌倉由比ケ浜に捨てさせた。静を主題とした物語も多いが、謡曲に『吉野静』浄瑠璃に『義経千本桜』がある。

《行基《ぎょうき》菩薩の再来か》

行基（六六八〜七四九年）は奈良時代の高僧で、七〇四（慶雲元）年、生家を清めて家原寺として布教を広めた。伝道のかたわら、橋や堤防を築いて生活に難渋する人々を助け、やがて菩薩（仏に次ぐ位置）と称されるようになった。

一九九九年九月十七日、大阪府堺市教育委員会は、行基が建立した大野寺（堺市土塔町）跡地で十三重の土塔が出土した、と発表している。

土塔は一辺五二メートル、高さ九メートルのピラミッド形で、各段の幅は二・七〜一・三メートル。上部ほど狭くて、その上には瓦があった、と報じられたが、文献を裏付ける出土品から、土木技術の優れた慈悲深い僧侶であったことが容易に想像される。記述したように「年は二八か」以後「静御前」の口上まで、波乱に満ちた歴史上の女性を多く登場させて、女性客にアピールしている。そして最後は、慈悲深いまるで仏様のような客ばかり、とお世辞を述べて財布の紐をゆるめさせる手法がとられている。

《裏も表もツンツルテン　ツンツルテンのキンキラキン　爺さん歯抜けで婆さん腰抜けで　こっちの問屋は大間抜け　私のバナちゃん底抜け安い　ソラ買いなはれ買いなはれ》

ここでは、名詞の接尾語に同じ言葉を並べる「何々づくし」の技巧を用いて〝抜け〟を並べ、自分が大間抜けであるというオチ（下げ）をつけて、大安売りを強調している。

《こんなバナちゃん食べたなら　三年五年は長生きよ　長生きせんときゃ腑《ふ》が悪い　サァサァ買うた　サァ買うた》

文中「腑が悪い」は、福岡・鹿児島・山口・広島地方の方言で「運が悪い」の意味。広島以外の三地方では、別に「マンが悪い」とも言う。

《お次のバナちゃんこりゃどうじゃ　円助三助風呂番か　昨夜《ゆうべ》風呂屋で見たような太うて長ごうしてシャンとして　隣近所の後家泣かせ　そら冗談そら嘘よ》

ここでは二つの「助づくし」が使われている。

円助とは、一円札の擬人名。「水転芸者」の略で、明治中期に一円で遊べた売春芸者をいう（藤井宗哲編『花柳風俗語辞典』）。因みに、円太郎は博徒テキヤの隠語で「多情な女」。または貞操観念のない女のこと（週刊大衆編集部『ヤクザ大辞典』）。次の三助の語源は、通説では江戸時代、浴場で客の身体を洗ったり、湯を沸かしたりする男のことで、褌一つになり男湯にも女湯にも出入り自由で、客の要求に応じて垢すりや糠袋を使って背中や腕を洗い流して軽くマッサージをする。銭湯の花形で「流し」の男衆を言う。

当時、三助になるまでには木拾いから釜焚きの下積みを経て、十年以上の歳月が必要であった（今野信雄『江戸の風呂』）。他に聖武天皇の三人の典侍《てんじ》（「助」とも言う）説や、湯屋奉公の働き者三兄弟の名が、二之助、三之助、六之助で三人の助、三助となった、などの諸説がある。「風呂番」は、銭湯に一段高く設置された番台と呼ばれる所に座って、浴客から入浴料を徴収して接客にあたる人を言う。視線を気にする女性客に配慮して、ほとんどその店のおかみさんなど女性がその役割を担っていた。現在では、衣服を脱ぎ着する様子が見えないようにするため、フロント形式に移行している。

つまり、ここでは銭湯の脱衣場の様子を想像させ、バナナを男性の局部に見立て独身女性を惑わすように語り、これは冗談です、と詫びている。

《歌の文句じゃないけれど　お医者様でも草津の湯でも　惚れた病は治りゃせぬ　朝も早よから起き出して　氏神様に願かけて》と群馬県の民謡「草津節」の一節を引用した後、身上である煽情的な濡れ場が語られる。

《それでも治らぬその時は　裏のはなれでチョンの間《ま》に　好きなお方と添い寝して》「はなれ」は離れ座敷を言い、「チョンの間」とは、「ちょんの間遊び」の略で、手軽で短時間の遊興、情事のことを言う。

続いて《貴方上から下がり藤　私しゃ下から百合の花　こんな良いこと梨の花　そこで電気をけしの花》と「花づくし」で情交の様子を述べる。この文句は戦時中、兵隊が休暇日に内地の兵営から、その町の遊廓に出かけ、遊んで帰るまでの道行きをざれ歌にした「軍隊のぞき」の一節から引用したものである。

《始めあって終わりなし》で、年齢や諸所の事情に関係なく、男女の交わりが永く続くことへの願望が付け加えられている。

《かあちゃん腰巻き紐でもつ　娘のパンツはゴムでもつ　おやじの褌《ふんどし》紐でもつ　尾張名古屋は城でもつ》

これは啖呵売の常套句で、そのまま引用している。

《城の周りにゃ堀がある　堀の中には蓮の花　蓮には十六の穴がある　男は穴ゆえ苦労する　私も穴ゆえ苦労した　サァサァ買うた　サァ買うた　ここでお手々を叩きましょう》

最後に肌着を持ち出して肉体に繋ぎ、わが身の女性問題を披露して客の同情を煽って口上は終わる。

先に記したように、口上を分析して、改めてこれを作りあげた人物の博識に驚かされる。

作文は昭和初期と考えられるが、当時は新聞の発行部数も出版物も少なく、筆者の少年時代はラジオの所有世帯も町内に数軒しかなかった。もちろんテレビなど夢の話である。このような時代に、歌舞伎、講談、浪曲、落語、民謡、諺などに加えて時事問題をからませた広範囲な知識を駆使して、一人の能力で文章を組み立てたとは考えにくい。想像にすぎないが、他に協力者、助言者がいたのではないだろうか。今となっては調べを進める縁《よすが》もない。

作られた場所についても、門司港と決めつけるのは無理があるように思う。戦前の門司港が西の玄関口として繁栄していた貿易港で、人や物流の盛んな街であったとはいえ、昭和初期の地方都市に住む人物にこれほどの情報が集約できるものであろうか。この点も疑わしい。

論旨を証明する資料は皆無だが、次の章で述べる節《メロディー》との関係や、前述したように出典の引用から次のように考察する。

当時、多くの人が集まり、全国の情報を一つの場所で知ることができるのは軍隊しかなかった。国策として、赤紙と呼ばれた召集令状によって全国各地から集められた各界各層の男で組織されていた軍隊は、最大の情報基地であった。

門司港から出征する兵士がバナナの叩き売りを見て興味を示し、記憶したものを外地の軍隊で、外出日に次ぐ楽しみであったと言われる演芸会の際、得意芸《オハコ》として演じていたことは軍隊生活体験者から数多く聞いている。

随所に軍隊に関わる表現が見られるのはこのためではないだろうか。

演じた兵士が回を重ねるたびに、戦友たちの知識を集約して口上を練り上げ完成させたものという思いを強くする。そして、兵役が満期となって帰国した兵士が門司港で披露し、それが定着したのではないかと思考する。

これを証明するため、軍隊で催された演芸会について記述された出版物を探し求めた。戦争、軍隊に関する著書は多いが、内容は戦記やそれに類するものであり、戦争の愚かさ、悲惨な状況を記したものであった。

唯一入手した富沢繁の著書『続・新兵サンよもやま物語』に、所属した部隊の開隊記念日に催された演芸会の様子が面白く紹介されていた。詳細を尋ねたいと考えて、同氏に主旨を伝え面談した。

富沢繁の体験談は参考になるものであったが、細部にわたる質問に「芸能にそれほど深い関心はなく、記憶も明確なものではない。幸い、演芸会にとても詳しい戦友がいるので、改めて紹介しよう」との約束を交わした。

その後、筆者の対応の遅れで、富沢繁の死去により手がかりを失ったことが残念でならない。

数人の軍隊経験者から聞いた話の裏付けとなる資料がないのは無念だが、十二年間にわたる聞き書き作業の結論として、筆者はこの口上を「望郷子守唄」と呼ぶ。

軍国少年であった者の単なるセンチメンタルではないと確信するが、読者のご教示を仰ぐ。

第四章

節《メロディー》はどこから

扉写真＝演奏中の大森道子さん

門司港名物バナナの叩き売りは、「バナちゃん節」と呼ばれるように口上に節を付けて語るが、一九六〇年ごろまでは金魚売りや竿竹売り、こうもり傘の張り替え（修繕）などが節の付いた売り声を張り上げて家並みを廻り、商っていた。

JRも国鉄時代には、駅という名の商品をメロディー付きで利用者に知らせていた。

列車がホームに入ると、構内に「東京《トーキョー》、東京《トーキョー》」とか「門司港《モジコー》、門司港《モジコー》」というアナウンスが流れて旅情を誘ったものである。しかし、時代とともにこのような風情もなくなり、人々の記憶も薄らいでいく。

今では冬の風物詩「石焼きいも」の売り声が、わずかに昔を偲ばせてくれるが、バナナの叩き売りは物販に節付きの口上を用いる、という点でも異色の存在である。

この節の出典を実証するために採譜を行った。筆者は一九五七年より師についてクラシックギターを学び、一九六三年から同好者を募ってギター・アンサンブルを結成し、地元の市民会館で毎秋、定期演奏会を主催した経歴があり、コンサートのたびに、必要に迫られて自身で独自に編曲《アレンジ》した数曲を加えてプログラムを組んだという経験を経ている。

この経験を生かして、ＳＰレコードに収められている井川忠義の口上を五線譜に移す作業を始めた。時間をかけて百回近くテープを聴き返し、節が口ずさめる段階で採譜したが、その過程で、体調の具合やそのときの気分で音程がわずかに変わっていた。

そのうち、口をついて自然に出てくるようになった節が、子供のころに聞き覚えた「軍隊のぞき」の節《メロディー》によく似ていることに気付き、両方の共通点、相違点を楽譜で比較することにした。「軍隊のぞき」は軍国少年時代に、兵隊や大人たちが歌うのを聞いて、意味もわからないまま無邪気にまる覚えして今でも歌えるが、正確を期すため、軍隊経験者の土井茂の歌をテープに収め、これを採譜した。

作業を進めるに従って、あまりにもよく似た節まわしであることに気分が高揚した。採譜の結果、リズムは多少は違うが全く同じ旋律であることに驚いた。あまりにも似通っているため、思い込みの強さが禍いした採譜ミスではないかと不安になり、そのまましばらく放置し、半年近く経って再度確認したが、結論は同じであった。

そこで、これの裏付けのため、バナナの叩き売りに興味も関心も全くない若手音楽家、つまり、この作業に白紙で臨める若手音楽家に採譜を依頼することにした。

幸い、大森道子の協力が得られたが、彼女は山口県下関市の梅光女学院高等学校・音楽科非常勤講師で、若手ピアニストとしても地元を中心に活躍している人物である。

多忙なスケジュールにも拘らず、手間のかかる採譜を快く引き受けてくれ、すぐにテープを持ち込んだが、一カ月くらい経ったころ、「何度も繰り返して聴いたためにテープが巻き戻し不能となった。ついては新たにテープを送ってほしい」との電話連絡を受けた。

二度目のテープを送り、二十日ほど後、採譜が終わった旨の知らせがあり、すぐに駆け付けた。

彼女は、自宅のレッスン室に置かれたグランドピアノの前で応じてくれたが、「バナちゃん節も軍隊のぞきも同じ旋律で、テープによる井川忠義の節は譜例1（171ページ）のようにイ短調（a-moll）、軍隊のぞきは譜例2（170ページ）に示すとおりロ短調（h-moll）である。両方の関連性を具体的に示すため、バナちゃん節を原調から一音上げて、軍隊のぞきの♯《シャープ》二つの調子であるロ短調に変調すれば、これを証明することができる。逆に言えば、軍隊のぞきを一音下げると、バナちゃん節と同じ旋律になる。リズムは両方に少しの違いがあるものの旋律は全く同じ」と語った。

そこで「実は自分も事前に採譜したが、同様の結果であった。確認のために、これを伏せて依頼した」と初めて心情を打ち明けた。

彼女は「町でなにげなく見かけるバナナの叩き売りの口上に旋律が付いていることを今回初めて知った。音楽の視点で口上に注目していることが興味深くて協力したが、勉強になった」と笑顔で答えて気遣い、一七ページにわたって採譜されている譜面を手渡された。

筆者の経験から間違いなく百回以上はテープを聴き返して採譜したであろうその楽譜は、出版物のように丁寧に書かれており、大森道子の性格が表れている。

本書には一部分を紹介したが、この譜面は今後、地元門司区の庶民文化遺産になる、と確信する。

ついたところが キールンこう キールンみなとを ふなでして
きんぱぎんぱの なみをこえ うなばらーとおき ふねのたび

【譜例２】

軍隊のぞき

採譜：大森道子

たま のーにちようと な るな れば ーー ーしゅう ばんーしかん の て によ りて
がいしゅ つー しょう が わ たさ れる ーー ー がいしゅつー しょう を に ぎりしめ
でん しゃ ー みちへ と アラいそが ーれ る
でん しゃーみちへ と く るな れば ーー ーいちばん でんしゃに のりおくれ

【譜例1】

門司港名物バナナの叩き売り口上

採譜：大森道子

はるよさんがつ　はるさめに　やよいのそーらに　さくらちる
おうしゅうせんだい　だてこうが　なぜにバナちゃんに　ほれなんだ
バナちゃんのいんねん　きかそうか　うまれはたいわん　たいちゅうの
ありさんふもとの　かたいなか　たいわんむすめに　みそめられ
ポッといろけの　さすうちに　ひとふさひとふさ　もぎとられ
くにさだちゅうじじゃないけれど　とうまるかごにと　つめられて
ありさんふもとを　あとにして　ガタゴトおきしゃに　ゆすられて

参考文献

■民俗・歴史について

『洞房語園異本考異』（著者・出版社・出版年不明）
石塚豊芥子著『吉原大鑑』（出版社・出版年不明）
添田知道著『日本春歌考』光文社、一九六六年
野坂昭如著『軍歌　猥歌』講談社、一九六八年
伊藤桂一著（大宅壮一監修）『兵隊たちの陸軍史――兵営と戦場生活』番町書房、一九六九年
添田知道著『香具師の生活』雄山閣、一九七〇年
八幡義生著『歴史と風土10　東海道』有峰書店、一九七四年
上田利一著『中洲の川』西日本新聞社、一九七六年
渡辺友左著『隠語の世界』南雲堂、一九八一年
渡辺友左著『日本語と性』南雲堂、一九八二年
下平富士男著『坂野比呂志の大道芸』亜洲企画、一九八二年
坂野比呂志著『香具師の口上でしゃべろうか』草思社、一九八四年
北園忠治著『太うして長うしてツンとした』葦書房、一九八五年

富沢繁著『続・新兵サンよもやま物語』光人社、一九八五年
朝倉喬司著『芸能の始原に向かって』ミュージック・マガジン、一九八六年
今野信雄著『江戸の風呂』新潮選書、一九八九年
桂文楽著『古典落語・文楽集』ちくま文庫、一九八九年
山藤章二著『笑いの構造』講談社、一九九一年
中道風迅洞著『どどいつ万葉集』徳間書店、一九九二年
金田一春彦著『日本語は京の秋空』スタジオ・シップ、一九九三年
下山弘著『川柳のエロティシズム』新潮選書、一九九五年
吉川潮著『浮かれ三亀松』新潮社、二〇〇〇年
小湊米吉著『角兵衛獅子——その歴史を探る』高志書院、二〇〇〇年
渡辺信一郎著『江戸バレ句　戀の色直し』集英社新書、二〇〇〇年

■バナナについて

加東大介著『南の島に雪が降る』文藝春秋新社、一九六一年
高木一也著『バナナ輸入沿革史』日本バナナ輸入組合、一九六七年
高木一也著『続・バナナ輸入沿革史』日本バナナ輸入組合、一九七五年
若槻泰雄著『バナナの経済学』玉川大学出版部、一九七六年

秋偲会『天皇家の饗宴』徳栄、一九七八年
鶴見良行著『バナナと日本人』岩波新書、一九八二年
二宮正之著『バナナと共に三十年』（非売品）二宮正人、一九八三年
日本バナナ輸入組合編『バナナの話――バナナの全てがわかる「バナナ百科」』日本バナナ輸入組合、一九九二年
■海運・港湾について

中野金次郎編『海峡大観』北九州市港湾局、一九二五・一九九五年
財団法人日本経営史研究所編『大阪商船三井船舶㈱創業百年史』大阪商船三井船舶、一九八五年
『七つの海で一世紀――日本郵船創業100周年記念船舶写真集』日本郵船総務部広報室、一九八五年
北九州市開港百年史編さん委員会『北九州の港史――北九州港開港百年を記念して』北九州市港湾局、一九九〇年

■辞典類

西山松之助編『日本史小百科9　遊女』近藤出版社、一九七九年
藤井宗哲編『花柳風俗語辞典』東京堂出版、一九八二年

国史大辞典編集委員会編『国史大辞典　第四巻』吉川弘文館、一九八四年
相賀徹夫編『日本大百科全書 7』小学館、一九八六年
週刊朝日編『値段史年表　明治・大正・昭和』朝日新聞社、一九八八年
小泉欽二編『日本歴史人物事典』朝日新聞社、一九九四年
下川耿史・家庭総合研究会編『昭和・平成家庭史年表　1926～1995』河出書房新社、一九九七年
下川耿史・家庭総合研究会編『明治・大正家庭史年表　1868～1925』河出書房新社、二〇〇〇年

■雑誌・冊子

『暮しの手帖』一九七四年夏号、暮しの手帖社
映画『男はつらいよ』第十七作「寅次郎夕焼け小焼け」パンフレット、松竹、一九七六年
『サンデー毎日』一九八〇年三月三十日号、毎日新聞社
『門司港駅 90年の歩み』岡村昭発行、一九八一年
「毎日夫人」一九八七年八月号、毎日新聞社
『銀座百店』一九九五年五月号、銀座百店会
辻真澄編「伊豆史談」伊豆史談会、一九九七年

あとがき

何よりもまず、文中に登場していただいた関係者の方々の敬称を省いたことをお詫びしなければならない。ご高察の上お許し下さい。

バナナの叩き売りの口上に関わるようになり一九九三年から聞き書きを始め、地元の多くの古老や東京、神戸、福岡でも作業を進めた。その中で興味深い話を数多く聞き、これの裏付けとなる資料の収集に努力したが、入手は困難であった。

特に『新兵サンよもやま物語』の著者・富沢繁さんから聞いた、戦地での演芸会の様子は参考になることが多かった。

身を乗り出して聞く私に対して、「それほど興味があるものならば、このことについてもっと詳しい戦友が埼玉に一人居る。好人物であり、是非紹介しよう」と優しい笑顔で語り、再会を約した。

常々、聴き手《インタビユアー》の最低の心得とは何なのかを嫌というほど体験し、実感している者として、ある程度の資料は用意して臨むように心掛けていた。早速、図書館通いを始め、同時に手蔓《てづる》を求めて文献探しの日々が続き、時が過ぎた。

一九九四年三月、冨久子夫人から富沢繁さんの訃報を受け、七十一歳であったことを知り呆然となった。そして、白紙の状態であっても早く面談すべきであったと、今も無念の思いが募るばかりである。

今村恒美画伯（一九〇九〜九六年）は出版美術家連盟の会長（一九八〇年から）で、作家村上元三、江戸川乱歩、山岡荘八、山手樹一郎などの本の挿絵を描いた挿絵画家だが、『画帖・江戸暦渡世繪姿』（創拓社）を著している。

坂野比呂志さんの紹介で、幸いにも画伯との交流が生じた。坂野さんを通じて本書の企画のことをご存じだったようで、「出版の折には、お祝いとして装丁してやろう。だから頑張って下さい」と身に余るお話をいただいていた。

残念なことに、一九九六年八月、黄泉《よみ》の国の人となられ、上梓が遅れたために実現しなかったが、画伯のご厚意を忘れることができない。思い出として、第二章の中扉に画伯から頂戴した葉書を掲載させていただくことにした。

「出版に合わせて、浅草でバナナの一大イベントをやろう。その時には、松葉屋で奥さん（妻・恵子）の創作和紙人形展も一緒にやろう。きっと、松葉屋のおかみも喜ぶと思うぜ。一肌脱ぐぜ。よし決定だ」

一九八七年三月に開催した全国大会参加のため来訪した坂野比呂志さんが、聞き書きを終えた後、身ぶり手まねを交えて語った励ましの言葉である。短い髪のいなせな姿で、よく通る練れた声の持ち主であり、話術の専門家であった。その坂野比呂志さんも一九八九年、鬼籍に入られた。東京から遠く離れたローカルの町という気安さのためか、私の家に着くと、いつも心からくつろいでおられる様子であった。緑茶と和菓子を口にしながら、夜遅くまで芸談や、交流のあった芸人たちの生き様などを語ってくれたのが私の財産となっている。

本書は、日本バナナ輸入組合専務理事山崎金一さん、関門九州青果センター事務局長小林弘さんのご厚意・理解・協力があって上梓することができた。

それほど深い付き合いはないのにも拘らず、全幅の信頼を寄せていただき、多くの資料の引用を承諾され、多忙なスケジュールの中、原稿のチェックまでお願いした。

お二人の存在がどれほど心の支えとなったか測り知れない。心からお礼を申し上げる。

深部いつ子さんには、聞き書き作業のため手薄となった私設図書館松永文庫の運営や、毎年春・秋、定期的に行っている映画上映会の準備を再三お願いした。彼女の協力によって安心して作業に専念することができた。

当時、北九州市立中央図書館考査室職員・大穂孝子さんは、雲を掴むような申し出に対し、読者（市民）の立場になり、何とかして要望に応えようと、終始変わらぬ態度で文献探しに協力していただいた。

大森道子さんには、音楽活動で忙しいスケジュールの中、バナちゃん節採譜の煩雑な作業を押し付けたが、快く引き受けていただいた。

装丁をお願いした木戸聖子さんは、早朝から夜遅くまで忙しく働く女性だが、時間を捻出して、希望に沿った装丁に仕上げてくれた。参考までにバナナの葉や茎を原料にして作られた「バナナ紙」を本書のどこかで使いたいと彼女は提案したが、量産されていないため、残念ながら実現できなかった。

そして、編集作業に至り、細かく手を煩わせた海鳥社編集長・別府大悟さんや同社スタッフの方々。

以上の諸氏には格別の思いでお礼を申し上げる。他にも、お世話になったすべての方々に心から感謝したい。

このように幸運な出会いとドラマがあって本書は出版された。

文中述べたように、私は果物屋ではなく、バナナの叩き売りを行う者でもない。従って、バナナの叩き売りであろうが、ミカンの量り売りであろうが一向に構わない。根幹にある思いは、民間伝承とは何か、郷土愛とは何か、という問い掛けである。

記述したものが、必ずしもすべて正論とは限らない。読者のご教示を仰ぐものである。

平成十七年九月十七日

松永　武

松永　武（まつなが・たけし）

1935年3月21日	福岡県門司市（現・北九州市門司区）に生まれる。
1986年7月19日	「啖呵売《たんかばい》フェスティバル・九州の寅さん大集合」を企画・実施する（場所：門司区栄町商店街）。
8月5日	上記企画がNHKテレビで30分番組『バナナの港に口上《たんか》が響く』として放送される。
1987年3月14日	「バナナの叩き売り全国大会」を企画・実施する（場所：門司港駅構内および周辺）。
3月17日	上記企画がRKB毎日放送テレビで1時間番組『絶好調！　バナちゃん節名人合戦』として放送される。
5月6日	福岡市博物館の依頼を受け，上記番組VTRを郷土資料として長期間保存することに協力。
1988年7月27日	『ザ・バナちゃん節　バナちゃん節同好会大全集』LPレコードを企画・自費制作する。レコードナンバー＝東芝EMI（FL-6057）
1997年10月30日	私設図書館「松永文庫」を開設。民俗学と映画に関する書籍および資料の閲覧（無料）を行う。
2000年10月～2004年10月	門司区役所が毎年主催し開催した「バナちゃん全国大会」の際，併設された「バナナ資料館」の展示資料のほとんどを提供。毎回7日間展示し，全国から訪れる来館者に解説を行う。

望郷《ぼうきょう》子《こ》守唄《もりうた》
バナちゃん節《ぶし》のルーツを探《さぐ》る

■

2005年10月7日　第1刷発行

■

著者　松永　武
発行者　西　俊明
発行所　有限会社海鳥社
〒810-0074 福岡市中央区大手門3丁目6番13号
電話 092(771)0132　FAX 092(771)2546
http://www.kaichosha-f.co.jp
印刷・製本　大村印刷株式会社
ISBN 4-87415-545-6
[定価は表紙カバーに表示]